Más de 100 ideas
para papel maché

Más de 100 ideas para papel maché

Artesanías, juguetes y objetos útiles con materiales reciclados

Mirta L. Koch

www.librosenred.com

Dirección General: Marcelo Perazolo
Dirección de Contenidos: Ivana Basset
Diseño de cubierta: Daniela Ferrán
Diagramación de interiores: Javier Furlani

Primera edición en español - Impresión bajo demanda

© LibrosEnRed, 2009
Una marca registrada de Amertown International S.A.

ISBN: 978-1-59754-457-3

Para encargar más copias de este libro o conocer otros libros de esta colección visite www.librosenred.com

A Laura, Milena y Sarah, mis amadas hijas y la razón más poderosa para superarme día a día.

AGRADECIMIENTOS

A mi hermosa familia por su ayuda, estímulo y por creer en mí. Mis tres hijas y mi hermana Rocío oficiaron de modelos para las fotos. Laura, mi hija mayor, pasó mis manuscritos en la computadora y fue una magnífica secretaria. A Dina, mi madre y amiga incondicional. Y a Kaled, cuya ayuda fue esencial para organizar los archivos de la computadora. Todos ellos estuvieron alentándome a desarrollar mis ideas, compartiendo mis expectativas y acompañándome con amor.

Gracias Universo por la inspiración y todas las bendiciones en mi vida.

INTRODUCCIÓN

El uso del papel maché tiene pocos secretos y maravillosas son las posibilidades que brinda este material. Es una técnica que expande la imaginación y la creatividad al tiempo que ayuda a colaborar con el medio ambiente. Prácticamente todo es reciclado y son mínimos los materiales que tal vez necesites comprar, económicos y rendidores.

Podrás crear belleza y objetos útiles reutilizando vidrio, envases, cartón y plásticos de empaques y otros materiales descartables. Podrás reducir la cantidad de desechos que tiras y comenzarás a inspirar a otros.

Realizando tus propios adornos tu casa adquirirá una energía especial, que hará que te sientas más a gusto en ella, que le dará vida, buena vibración, tu toque personal.

Sorprenderás a tus seres queridos con preciosos regalos artesanales, o encontrarás una veta económica vendiendo tus producciones.

Trabajar con papel maché requiere usar la imaginación, y amor al trabajo manual y a los materiales simples. Es necesaria la paciencia. Paciencia para preparar la pasta. Para realizar los objetos cuidando de cubrir bien y de evitar grietas, e imprimirle los detalles. Paciencia para esperar el secado. Y paciencia para no descorazonarse si nuestra obra de arte no parece todavía tal. Confiar en que una vez decorada y finalizada nuestra artesanía aparecerá como por arte de magia en todo su esplendor.

ELEMENTOS BÁSICOS PARA TRABAJAR

- **Papel de diario:** para realizar la pulpa de papel. También la utilizaremos para otorgar volumen a las piezas y como soporte base de algunos trabajos.
- **Papel de revista:** Para volumen y bases.
- **Cinta de enmascarar:** también llamada cinta de papel o de pintor. Para sujetar el papel de diario o revista, distintos soportes entre sí y ayudar a dar forma a las bases.
- **Engrudo de empapelar:** es un adhesivo sintético que se utiliza para fijar el papel tapiz a la pared. Se consigue en ferreterías y casas de decoración y su consistencia es ideal para realizar la pasta de papel maché. No se apolilla ni enmohece, a diferencia del engrudo tradicional hecho con harina.
- **Tiza en polvo:** se consigue en ferreterías y casas de manualidades. Reemplaza a la harina y mejora la textura del papel maché.
- **Licuadora o procesadora:** Necesaria para triturar finamente la pulpa de papel. Puedes prescindir de ella si utilizas papel higiénico porque se desarma más fácilmente que el papel de diario. O si realizas trabajos que no requieran textura ultra lisa. En esos casos puedes desmenuzar el papel a mano.
- **Enduído:** Es el mismo que se utiliza para las paredes. Para emparejar texturas, reforzar el trabajo y cubrir grietas que pudieran haber quedado.

- **Papel de lija:** Al igual que el enduído, se compra en ferreterías y se utiliza luego de éste para suavizar la pieza y dejarla lista para pintar. El apropiado es el común, para yeso, de grano medio.
- **Pinturas para decorar:** Son aconsejables las pinturas acrílicas por sus colores brillantes y gran poder cubritivo. Puedes encontrar todos los tonos, incluso metalizados y perlados. Las témperas son más económicas y también pueden serte de gran utilidad, principalmente para cubrir grandes superficies. Vienen en variedad de colores, incluso flúo. Para aumentar su poder cubritivo y fijación agrégale un poco de cola vinílica a modo de aglutinante. Estas pinturas no son tóxicas.
- **Barniz:** Es recomendable el barniz acrílico, que es al agua y no tóxico. Se consigue fácilmente en librerías y artísticas. Cubre bien y le da protección y durabilidad a la pieza. Puedes elegir brillo mate, brillante o satinado.
- **Pegamento universal:** Se llama así porque también pega telgopor y es de fuerte adherencia. Hay varias marcas en el mercado.
- **Masilla epoxi:** Se consigue en artísticas, librerías y ferreterías. Consta de dos componentes que hay que mezclar y se trabajan fácilmente. Una vez seco se torna casi imposible de romper. Puedes optar por la de secado rápido o por la de artesanos. Es de gran ayuda para dar solidez a determinadas partes del trabajo, fijar piezas entre sí y para el modelado de pequeños detalles.
- **Estecas:** Se compran en artísticas, librerías y casas de reposterías. Ayudan al modelado y a realizar distintas texturas que enriquecen el trabajo. Puedes reemplazarlas por palillos, cubiertos, etc.
- **Mini rodillos:** Son útiles para texturizar algunas secciones algo amplias, como piso, techo, paredes, aunque se utiliza más para repostería y porcelana fría.

Puedes encontrar marcadores de ladrillos, tejas, lajas, madera, etc. Facilitan el trabajo pero puedes prescindir de ellos y marcar las diferentes texturas con palillos o estecas.

- **Cortadores de pasta:** Se compran principalmente en casa de repostería y hay gran variedad de formas y tamaños, incluyendo letras y números. Ideales para realizar souvenires en serie, imanes, llaveros, etc.

- **Betún de Judea:** Se utiliza para dar una pátina de envejecimiento a la artesanía terminada, a la vez que ayuda a resaltar las diferentes texturas. Se aplica con un pincel viejo o trapo y se limpia casi inmediatamente con otro trapo. Puedes comprarlo líquido o en pasta, pero personalmente prefiero prepararlo yo misma porque me ha dado mejor resultado y es más económico y fácil de controlar.

- **Receta 1:** En un frasco con tapa coloca aguarrás llenando hasta la mitad aproximadamente y hecha dos o tres piedritas de brea, dependiendo del tamaño. Cuando el líquido tome color oscuro puede usarse.

- **Receta 2:** Ídem anterior pero en lugar de la brea utiliza betún o pomada negra de calzado, aprox. 1 cucharadita que se disolverá con facilidad. Estas recetas no son exactas pues con la práctica irás notando qué consistencia prefieres que tenga tu betún para darte óptimos resultados. Antes de aplicar betún de Judea debes barnizar la pieza pues de otra manera te será muy difícil eliminar el exceso.

- **Pinceles:** No es necesario que sean muy caros pues servirán igual. Los tres pinceles básicos que siempre utilizo son: uno redondo de grosor medio, uno más ancho tipo brochita para fondear piezas y uno liner para pequeños detalles. Fíjate con cuáles te sientes cómodo porque el tema de los pinceles es algo bastante personal.

ELEMENTOS EXTRA

- Frascos.
- Botellas.
- Envases descartables.
- Cajas.
- Cartón.
- Alambre.
- Telgopor.
- Cable.
- Cascabeles.
- Mostacillas.
- Arena.
- Foquitos quemados.
- Piedras.
- Caracoles.
- Piñas.
- Ramas.
- Telas.
- Cintas.
- Tanza.
- Imanes.
- Soga.
- Hilo sisal.
- Latas.
- Ganchos para llaveros.
- Placa radiográfica.
- Acetato.
- Chapitas.
- Resto de metales.
- Etc.
- Más elementos encontrarás si aguzas tu mirada de reciclador.

Receta para preparar el papel maché

- 1 taza de pulpa de papel.
- 5 o 6 cucharadas de engrudo de empapelar.
- 1 cucharada de tiza en polvo.

Para preparar la pulpa de papel pica papel de diario y déjalo en remojo toda la noche. Hierve al día siguiente durante una hora. Te conviene usar una olla vieja que ya quede destinada a ese fin pues la tinta del periódico mancha mucho. Procesa el papel obtenido en la licuadora, con un poco de líquido para proteger las cuchillas. Saca y exprime muy bien. Mezcla con el engrudo y la tiza y amasa con los dedos. Obtendrás una pasta suave. Si es necesario agrega más engrudo: le da flexibilidad, facilita la adherencia y el modelado y evita el resquebrajamiento.

Nota: Esta receta es muy simple y no lleva formol porque no incluye harina. Aumenta proporcionalmente las cantidades de los ingredientes si tu trabajo requiere más papel maché.

Seis pasos para el trabajo con papel maché

1. Preparación de la pasta de papel.
2. Preparación del soporte base.
3. Aplicación del papel maché y modelado.
4. Secado de la pieza (de 48 a 72 horas aprox., preferentemente sobre un plástico o nylon).
5. Colocación de enduído, si hiciera falta, y posterior lijado de la pieza.
6. Decoración: pintura y barnizado.

OTRAS CONSIDERACIONES Y CONSEJOS

- Notarás que en las explicaciones rara vez doy indicaciones precisas con respecto a la pintura. Los colores son solo orientativos. Tu intuición te dirá cual es el más apropiado de acuerdo a la decoración de tu casa, tus gustos o de la persona que quieras obsequiar.
- Muchos materiales sugeridos pueden reemplazarse por otros. Piensa en lo que tienes a tu alcance que pueda serte de utilidad.
- Si estás planeando algún regalo o souvenires para alguna celebración, comienza con suficiente anticipación. Es necesario respetar el tiempo de secado y este tipo de trabajo luce mejor con una decoración alegre y cuidadosa.
- El papel maché que encontramos en el mercado es en polvo y se prepara con agua, pero es muy diferente al papel maché que podemos preparar en casa, con pocos elementos y bajo costo. Cuando realizamos una obra con papel maché comprado ésta resulta bastante más pesada y es necesario hacerla secar al sol lo antes posible pues de lo contrario despide un olor muy fuerte y desagradable. Su costo es bastante alto por lo que no es muy rendidor si el proyecto es grande o con varias piezas.

Banquito infantil

Es tan sencillo que apenas necesita de explicación, a la vez que es muy práctico y decorativo. A mi hija de dos años le encanta sentarse en él y, al ser liviano, lo lleva tranquilamente de un sitio a otro.

Materiales:

- Balde plástico con tapa de cuatro litros, vacío, limpio y seco. En este caso yo utilicé uno de engrudo de empapelar, pero podrías usar uno de pintura, de aceitunas, de enduído, etc.
- Pasta de papel.
- Enduído y lija.
- Pintura y barniz.
- Restos de telas para un almohadón.

Paso a paso:

1. Limpia y seca bien el balde que vas a utilizar, quítale la manija, y cúbrelo cuidadosamente de pasta en su totalidad. Deja secar.
2. Si lo consideras necesario pasa enduído y luego lija. Pero también puedes probar realizando diferentes texturas en la pasta de papel antes de que seque.
3. Decora a tu gusto.
4. Confecciona un almohadón al tono o utiliza uno que ya tengas.

Ideas extra:

Estos banquitos son muy resistentes y pueden soportar mucho peso sin problemas, así que ¿por qué no probar hacerlos también en un tamaño más grande para que los usen otras personas en la casa? Puedes texturarlo como si fuera un tronco y pintarlo imitación madera. En este caso puedes obviar el almohadón. Dos o tres de ellos darán calidez y originalidad a un rincón o quedarán espléndidos frente a una chimenea.

Baño para muñecas

Materiales:

- Pasta de papel.
- Telgopor reciclado de embalaje.
- Telgopor en plancha.
- Cúter o cuchillito afilado.
- Tapa plástica con arandela de envase de tamaño adecuado a la taza del sanitario (yo utilicé una de tarro de miel).
- Espejo. El que te guste o ya poseas y se adapte al baño.
- Distintos elementos para simular luces, accesorios y grifería, barrales, percheros, etc. Busca lo que pueda llegar a servirte. Yo utilicé apliques de cobre reciclado para la grifería, tuercas plásticas pintadas para las luces y otra variedad para jabonera y porta cepillo, maderitas, varilla de madera para el barral de cortina (o puede ser alambre de percha, etc.). Mostacillas para simular las tapas de los perfumes.
- Telas varias para la cortina de baño y las toallas.
- Enduído y papel de lija.
- Pegamento universal.
- Pinturas para decorar. Elige el color que te guste, yo utilicé acrílicos blanco, oro antiguo y negro. El piso es azul cielo.
- Barniz acrílico.

PASO A PASO:

1. Marca los moldes sobre el telgopor más grueso de embalaje, y recorta con cuidado. Une las partes inferiores y
   superiores de los sanitarios con pegamento y palillos
   para asegurar. Los moldes son muy sencillos. Yo utilicé
   un telgopor de embalaje con orificios, si el tuyo no los
   tuviera, cálalos del tamaño adecuado. Para la bañera
   recorta un rectángulo de aprox. 12 x 18cm. Si consigues

un bloque de telgopor de buen grosor hazlo de aprox. de 6 o 7cm. de profundidad y ahueca. El mueblecito del rincón es solo un rectángulo de telgopor cubierto de masa, texturado con cajones y perillas. Una vez seco y pintado pegué unas maderitas para darle otra terminación. Recorta esquineros en telgopor en plancha.

2. Cubre totalmente con pasta de papel, menos la parte inferior y posterior porque irán unidas a la maqueta. Al inodoro incrústale la base de la tapa al telgopor antes de cubrir con papel maché, de esta forma podrás subir y bajar la tapa sin que se salga. Si quieres, modela frasquitos de perfume, cremas, shampoo, pasta dental.

3. Da una mano de enduído a los sanitarios y lija suavemente.

4. Pinta del color que desees y barniza. Para más realismo pinta o dibuja los desagües.

5. Para preparar la maqueta utiliza telgopor en plancha. Corta dos cuadrados de 35 x 35cm., dos rectángulos de 50 x 35 cm. y otro rectángulo de 13 x 35cm. Une todo con pegamento universal y palillos. Forra el piso con pasta y textura con un rodillo de lajas. O con estecas imitando cerámicas, madera. O déjalo liso. Deja secar, pinta y barniza. Las paredes las forré en tela azul y pinté nubes, pero puedes empapelar. Cuando tengas todo listo comienza a pegar y a ubicar los artefactos, asegurando muy bien con pegamento y palillos. Pega las lámparas al espejo, los accesorios a las paredes, las griferías en los sanitarios. Los percheros, toallero y porta papel fueron realizados con pequeños restos de caño y alambre de cobre reciclados. Corta una varilla de madera de aprox. 36 cm., píntala al tono de tu baño, engánchale la cortina que previamente habrás confeccionado e incrusta las puntas en el telgopor de las paredes a la altura adecuada. Asegura también con un poco de pegamento.

Base lavatorio

Base
inodoro
y bidet

Lavatorio

Mochila
inodoro

Taza de
inodoro y bidet

Armar lavatorio
pegando ambas partes

Pegar las 3 piezas
para formar el inodoro

IDEAS EXTRA:

Las niñas (y no tanto) quedarán fascinadas con este baño tan realista. La idea de la maqueta surgió por la necesidad de pegar los accesorios porque este tipo de juguetes tienen tan poca estabilidad que cuesta jugar. Dale todos los detalles que desees. Busca en tu entorno aquellas pequeñas cosas que puedan servirte. Utiliza, por ejemplo, accesorios de bijouterie para la grifería, o modélalas en pasta. Decora el marco del espejo a tono con el resto del baño. Realiza zócalos de cartón pintado. Si te resulta complicado modelar pequeñas piezas con pasta de papel, utiliza masilla epoxi o porcelana fría. El cepillo de dientes fue modelado en porcelana fría sobre la mitad de un palillo.

BRAZALETES

MATERIALES:

- Recicla los cartones flexibles y resistentes que sostienen los relojes en sus cajitas. Si no tienes uno a tu alcance puedes preparar las bases para tus brazaletes cortando cartón o aluminio del tamaño adecuado y premoldeando.
- Pasta de papel.
- Pinturas para decorar y barniz.

Paso a paso:

1. Forra cuidadosamente con pasta, manteniendo la forma. Deja secar.
2. Pinta a tu gusto y barniza.

Base de cartón

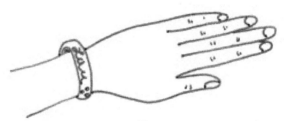

Forrar con pasta y decorar

Ideas extra:

Admiten todos tipos de dibujos, colores, combinaciones y estampados. Ejemplo: jamaiquino (negro, rojo, verde y amarillo). Son una buena opción para regalar de souvenir de cumpleaños de niñas más grandes, y los podrás realizar fácilmente en serie con ayuda de la cumpleañera. A todas les agradará recibir un original brazalete hippie hecho con cariño por su propia amiga. Personalízalos pintando el nombre de cada una. Otra idea: úsalos de servilleteros. Píntalos de colores navideños y serán una alternativa de souvenir para tus invitados de Navidad.

Bowling

- 10 envases de yogur grandes y 10 envases chicos. Hay ciertos envases en el mercado que encastran justo boca con boca. Si no los consigues puedes reemplazarlos por 10 botellas plásticas de ½ litro de gaseosa, agua mineral o similar. O por envases cilíndricos de papas fritas.
- Arena.
- Papel de diario o revista.
- Cinta de enmascarar.
- Pasta de papel.
- Pinceles, pinturas y barniz.

Paso a paso:

1. Juntando estos dos envases más una bolita de papel en el tope suma aproximadamente 30 cm. de altura x 5 cm. de diámetro, la medida recomendada para los palos de bolos de juguete. Llena el envase inferior con arena y únelo al superior con cinta de enmascarar.

2. Abolla una hoja de papel de diario o revista y asegúrala en el tope con cinta.

3. Cubre los diez palos preparados con pasta de papel y déjalos secar.

4. Si lo consideras necesario aplica enduído y luego lija.

5. Decóralos a tu gusto.

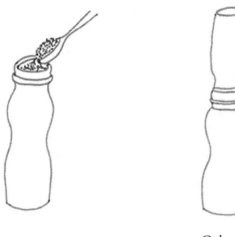

Llenar con arena

Colocar
frasco superior

Unir con cinta esfera
de papel a la parte superior
y frascos entre sí

IDEAS EXTRA:

Para jugar utiliza una pelota de tenis o cualquier otra apropiada que poseas. Si quieres realizarla tú mismo, ahueca una esfera número 10 de telgopor con un cuchillo caliente y rellénala con arena, colócale la tapa que le quitaste, asegúrala con cinta y forra con pasta, con cuidado para que conserve bien su forma. Para simplificar, a partir del número once las esferas de telgopor ya son huecas y consisten en dos tapas que se unen. Otra idea es utilizar una pelota plástica, como la de los peloteros, agujeréala ligeramente y con un embudo llénala de arena, cierra con cinta y forra con papel maché.

Brujita colgante

- Pasta de papel.
- Palito de brochette.
- Hilo sisal.
- Lana para el cabello (o lampazo, pelo sintético, hilo de formio, etc.).
- Cinta adhesiva.
- Tanza transparente.
- Tela para el vestido.
- Fieltro o pañolenci para el sombrero.
- Pinturas y barniz.

PASO A PASO:

1. Modela cabeza (esfera de aprox. 3 cm. de diámetro), manos y estrella de punta de escoba, en pasta. Deja secar, pinta, barniza y reserva.

2. Para la escoba: corta un palito de brochette a la mitad y 7 tiras de hilo sisal de aprox. 17 cm. cada una. Sujeta la cinta a uno de los extremos del palito con cinta adhesiva para asegurar. De todos modos esta unión no se verá porque quedará cubierta por el vestido. Desarma las hebras de la mitad de la escoba.

3. Para el vestido: corta un rectángulo de tela de 19 x 12 cm. aprox. Si tienes tijera de picos prolija con ésta la terminación. O puedes desflecar o realizar un dobladillo. Corta las dos mangas también, guiándote por el molde.

4. Para el sombrero: recorta en pañolenci las dos partes y ármalo: cierra el cono con pegamento y adhiere a la base redonda.

5. Armado de la brujita: dobla la tela del vestido a lo ancho y pega. Introduce la escoba dentro del tubo de tela y pega ésta junto con la unión del palo con el hilo sisal. Arriba adhiere la cabeza, mirando levemente hacia abajo. Unos centímetros más adelante fija la mano sobre el palo y en la punta la estrellita. Dobla las mangas del vestido para darle forma y pega la parte más ancha sobre el vestido y la más angosta cubriendo parte de cada mano. Corta hebras de lana del largo que prefieras, haz una peluquita y adhiere sobre la cabeza, y sobre ésta el sombrero ya armado. Enhebra una aguja con tanza transparente, atraviesa la punta del sombrero dejando una oreja de tanza para colgar. Anuda y corta.

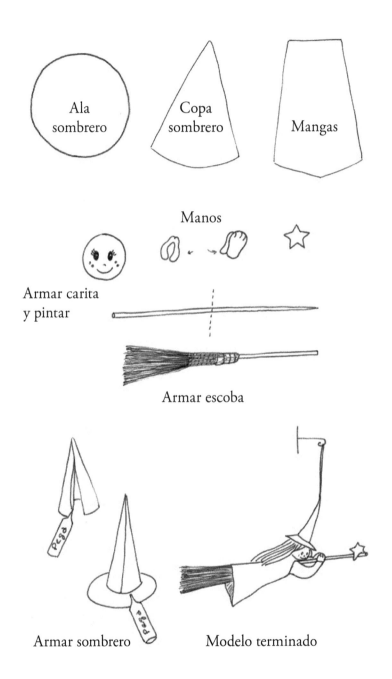

Ala sombrero

Copa sombrero

Mangas

Manos

Armar carita y pintar

Armar escoba

Armar sombrero

Modelo terminado

IDEAS EXTRA:

Arma un móvil de Halloween con varias brujitas. Puedes hacerles los vestidos de diferentes telas y variar las expresiones de sus rostros. Esta brujita es apropiada, por su bajo peso para ser usada como imán. Pégale dos o tres imanes pequeños en la parte posterior.

Calabaza de Halloween

Materiales:

- Envase de telgopor de 1 Kg. de helado, vacío y limpio.
- Papel de diario o revista.
- Cinta de enmascarar.
- Pasta de papel.
- Pintura acrílica color calabaza, verde seco y negro. Barniz acrílico.

PASO A PASO:

1. Comienza a abollar bastante papel periódico, forma grandes rollos y sujétalos verticalmente con cinta de enmascarar a los costados del envase. Ve dándole el aspecto deseado. Abolla papel para la tapa, para que quede abultada y continúe la forma de la calabaza. Con un poco de papel retorcido arma el cabito y asegúralo muy bien con cinta. Cuando tu obra esté terminada te servirá de manija para levantar la tapa con más facilidad.

2. Recubre todo muy bien con pasta, por dentro también. Sé cuidadoso y paciente, pues tal vez haya sitios donde debas ir retocando. Modela con tus dedos. Deja secar.

3. Pasa enduído, si consideras necesario y sólo en la parte interior. El exterior lucirá mejor con textura rústica.

4. Pinta tu artesanía enteramente con acrílico color calabaza y deja secar. Mezcla verde seco con calabaza y pincela el cabito esfumando un poco el color sobre la tapa.

5. Con suavidad marca con lápiz el diseño de tu preferencia para la cara. Pinta con acrílico negro, o con marcador indeleble.

6. Es conveniente que utilices barniz acrílico porque no es tóxico y en la calabaza guardarás golosinas.

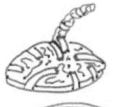

Sobre la tapa del envase
finalizar calabaza con cabito

Armar calabaza
con papel en envase

Cubrir ambas partes con pasta

Modelo de cara

IDEAS EXTRA:

Una calabaza hecha con tus propias manos con la que podrás lucirte. Para usar y volver a usar las veces que quieras. Estos recipientes de telgopor son apropiados para que dejes volar tu fantasía. ¿Qué te parece volar alto como en una nave espacial? Ya sea que te guíes por tu imaginación o por dibujos, que la hechura sea simple o más compleja, tus niños recibirán con entusiasmo un fantástico guarda crayones, fibras o lapicitos con forma de platillo.

Campanas navideñas

Materiales:

- 2 potes de queso crema o similar, vacíos y limpios, sin tapa.
- 2 cascabeles.
- Alambre decorativo, puede ser de aluminio.
- Tanza o cinta.
- Cintas anchas navideñas.
- Pasta de papel.
- Acrílicos blanco, oro antiguo, verde abeto y rojo rubor.
- Barniz acrílico satinado.
- Pegamento universal.

Paso a paso:

Prepara las campanas:

1. Perfora en el medio de la base de los potes y atraviesa un tramo de tanza o cinta en cada uno, enhebra los cascabeles y anuda. Asegura bien la cinta por el exterior de cada frasco con cinta de enmascarar.

2. Corta dos segmentos de alambre de aprox. 20 cm. cada uno. Dóblalos a la mitad y atraviesa el plástico de las bases de cada pote y dobla por el lado interior para trabar. Servirán de agarraderas y también para enganchar ambas campanas a una cinta navideña.

3. Cubre las dos campanas con pasta de papel, pero sólo por el exterior. Modela tres hojitas de muérdago y algunas frutitas. Las hojas son sencillas de realizar, pero si lo tienes, puedes utilizar un cortante. Las frutitas son simples bolitas de masa que pintaremos de rojo. Deja secar.

4. Las campanas de la foto tienen una base de color blanco y luego con pincel seco y poca pintura acrílica oro antiguo se matizaron algunas zonas. Las hojas de muérdago en color verde abeto y las frutitas en rojo rubor, también matizadas con dorado. Barniza todo el trabajo.

Terminación:

Con una cinta ancha dorada sujeta ambas campanas y forma con la misma una manija para colgar tu adorno. Luego haz un moño doble con otra cinta navideña ancha a tu elección y cóselo con puntadas escondidas a la primera cinta. Con pegamento universal adhiere las hojas y frutas al centro del moño.

Pasar tanza con
cascabel y anudar

Retorcer alambre,
insertar y sujetar

Cubrir con pasta

Modelar hojitas
y frutitas en pasta

IDEAS EXTRA:

Quedarán preciosas colgadas en la puerta de tu casa. Hazlas más pequeñas para el arbolito con potecitos de postre infantil. Tienes muchas opciones para decorarlas: píntalas de plateado, o totalmente doradas, o rojas, verdes o blancas. O simula nieve. Cambia el adorno de cintas, hay gran variedad de motivos, modelos y distintos anchos. O ponle guirnaldas brillantes. El adorno de muérdago puede ser natural o de plástico. O también puede ser un pequeño angelito.

Campana pino de Navidad

Materiales:

- Frasco de queso crema sin tapa, vacío y limpio. U otro frasco de plástico que consigas con forma acampanada, más ancho en la boca.
- Papel de diario o revista.
- Cinta de papel.
- Un cascabel.
- Tanza.
- Pasta de papel.
- Acrílicos verde seco, blanco y dorado.
- Barniz al agua.
- Pegamento o pistola encoladora.

Paso a paso:

1. Haz una pequeña perforación en el medio de la base y atraviesa un hilo de tanza, engancha el cascabel y anuda. Asegura bien la tanza por el lado exterior con cinta de enmascarar.
2. Pon el frasco boca abajo y con papel abollado y cinta ve dándole forma cónica.
3. Engrosa un poco más la base y la cúspide con tiras abolladas de papel. Sujeta con cinta.
4. Cubre con masa. Modela con tus dedos y dale forma de pino. Es un trabajo sencillo y satisfactorio. Deja secar.
5. Modela una estrellita de pasta para la punta del árbol y cuando seque píntala de dorado.
6. Pinta la totalidad del pino con acrílico verde seco. Espera a que seque y finaliza con detalles en blanco para las puntas de las hojas. Barniza.
7. Pega la estrella en la punta.

Pasar tanza, abollar papel
y armar copa y sujetar con cinta

Enrollar papel
y dar forma al pino en la base

Cubrir con pasta y modelar

IDEAS EXTRA:

Este pinito tiene una altura de aprox. 21 cm. Puedes achicar su tamaño empleando como campana un pote de postre infantil. O agrandarlo usando como campana una maceta plástica, por ejemplo. Dale más color y alegría realizándole adornos en la misma pasta o adhiérele mostacillones de colores con pegamento. Hay en el mercado de todas formas y colores, seguro encontrarás, o ya posees algunos que se adecuen bien a este trabajo.

Colgante country de peras

Materiales:

- 5 lamparitas quemadas (reemplazables por telgopor tallado o bollos de papel apretados con cinta de enmascarar dándole forma de pera)
- 5 cabitos de pera (opcional)
- Pasta de papel
- Enduído
- Lija
- Pinceles
- Pinturas para decorar y barniz
- Hilo sisal
- Pegamento universal o similar

Paso a paso:

1. Recubre enteramente las lamparitas con pasta de papel. Si deseas agregar el cabito a la fruta éste es el momento, o puedes marcar el lugar haciendo un huequito en la masa y luego lo adhieres con pegamento. Deja secar.
2. Cubre con una capa pareja de enduído y una vez que haya secado pasa una lija fina.
3. Quita el polvillo y decora a gusto. En este caso utilicé acrílicos: verde porcelana de base y maticé con piel oscuro y amarillo de Nápoles. Barnicé con barniz acrílico satinado.
4. Para armar el colgante ata la primer pera con el hilo sisal y refuerza todo alrededor con el pegamento de secado rápido. Deja una distancia de aproximadamente 18 centímetros entre fruta y fruta. Continúa anudando y pegando hasta completar la tira de cinco peras.

Lamparita Telgopor Papel abollado

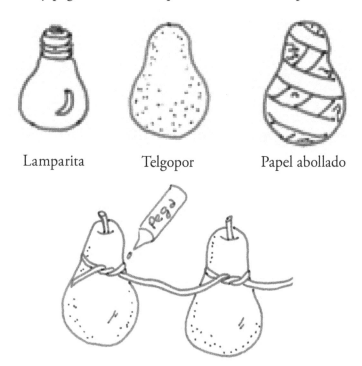

IDEAS EXTRA:

Bonito adorno para tu cocina o quincho. Con este estilo puedes realizar las variantes que se te ocurran, por ejemplo: calabacitas en vez de peras, sin cabito, cambiando el color y respetando la forma. O bien fíjate en las explicaciones correspondientes de este libro y anímate con un colgante de frutas variadas, con mucho color, estilo mexicano.

Corona campestre

Materiales:

- Rosca de mimbre. Son muy económicas, pero si no las consigues y te interesa la cestería botánica puedes realizarla tú mismo con fibras vegetales de sauce llorón, sauce eléctrico, dracaena, yuca, palmera, etc. Debes hidratarlas primero para brindarles flexibilidad y poder trabajarlas fácilmente.
- Cinta de enmascarar.
- Papel de diario o revista.
- Pasta de papel.
- Cabitos de manzana.
- Piñas de distintos tamaños, semillas, etc.
- Masilla epoxi.
- Tanza transparente.
- Pinturas para decorar. Barniz.
- Pintura dimensional blanca (optativo).

Paso a paso:

1. Realiza tantos bollitos de papel como manzanitas quieras realizar y sujeta con cinta. Normalmente con una hoja de diario es suficiente para cada manzanita, pero eso depende del tamaño que tú prefieras darle.
2. Fórralas con pasta de papel, dales forma apropiada e incrústales los cabitos. Deja secar.
3. Pinta las manzanitas. Quedan bien con acrílicos rojo de cadmio y verde porcelana. Barniza.
4. Arma la rosca combinando a tu gusto las piñas e intercalando las manzanas. Deberás asegurar todo con un poco de masilla epoxi para que quede bien firme. Puedes utilizar también tanza. Si deseas darle un aspecto nevado aplica un poco de pintura dimensional blanca al trabajo terminado.

Modelar manzana en pasta sobre base de papel

Ideas extra:

Reemplaza las manzanas por frutillas, corazones o lo que se te ocurra. Esta rosca es apropiada para decorar una cocina rústica. Si quieres que sea navideña pinta las piñas o matízalas con pintura plateada o dorada. Puedes enroscarle una guirnalda brillante, o de pino, y/o rematar en un bello moño al tono de cinta ancha.

Corona navideña con papá Noel

Materiales:

- Recorte de caño corrugado de electricidad de aprox. 70cm.
- Cinta adhesiva ancha.
- Pasta de papel.
- Retazos de telas brillantes.
- Cintas de color rojo y verde.
- Cartón.
- Pinturas para decorar y barniz.

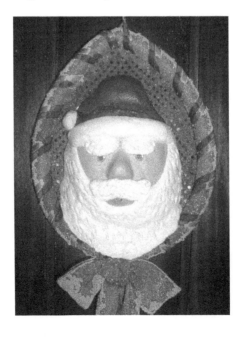

PASO A PASO:

1. Une el caño corrugado con bastante cinta adhesiva ancha. Que quede bien firme.
2. Recorta una cinta en tela brillante del largo suficiente para enroscar la corona. También puedes utilizar cintas navideñas compradas. Decora con las cintas verde y roja, y termina con un nudo en la parte superior para colgar.
3. Apoya la rosca sobre un plástico y comienza a modelar el papá Noel para que se adapte perfectamente al lugar. El modelado es sencillo. Puedes realizar una pequeña base de la figura con papel de diario, para utilizar menos pasta de papel. Deja secar.
4. Marca en una tela y en cartón la medida del fondo y recorta. Pega primero la tela y luego el cartón por detrás para dar más firmeza.
5. Pinta y barniza.
6. Remata con un moño en tela a tono con tu trabajo.

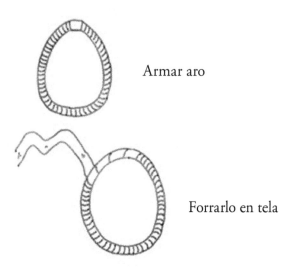

Armar aro

Forrarlo en tela

Terminar detalles del aro y modelar sobre un nylon

IDEAS EXTRA:

Utiliza otro tipo de telas, aunque no sean brillantes. Por ejemplo, roja, verde, amarilla, en colores lisos para que no quiten protagonismo a la figura. Prueba modelar pinos, renos, campanas, ángeles, muérdago, etc. E incluirlo en tu preciosa corona navideña. La rosca puede ser de madera, mimbre, ramas de sauce, aros de plástico (irán forrados y no se verán), lo que tengas a tu alcance.

Cuadro de peces

Materiales:

- Chapadur, placa de fibrofácil, tabla de madera fina, etc., de aprox. 30 x 40 cm.
- Caracoles, conchas marinas y pequeñas piedras recogidas en tus vacaciones.
- Pegamento universal.
- Pasta de papel.
- Soga o hilo sisal.
- Pinturas para decorar. Barniz.

Paso a paso:

1. Haz las perforaciones en la madera y pasa la soga o el hilo sisal para colgar de modo que el nudo quede por detrás.
2. Da una o dos manos de pintura acrílica azul marino a la totalidad del fondo.
3. Transfiere el diseño de los peces payaso.
4. Realiza un marco con las piedrecillas y los caracoles. Ve acomodándolos y superponiéndolos de manera armónica y graciosa. Haz pequeñas pruebas antes de pegarlos y asegúrate de cubrir los contornos de la madera y las sogas.
5. El relieve con pasta de papel en los peces es muy fácil de realizar. Alisa bien con los dedos y da textura en las aletas. Limpia con un trapo humedecido los bordes que pudieran haberse manchado del fondo. Deja secar.
6. Pinta los peces y algunas algas. Barniza.

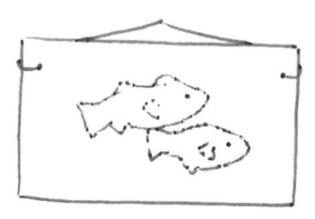

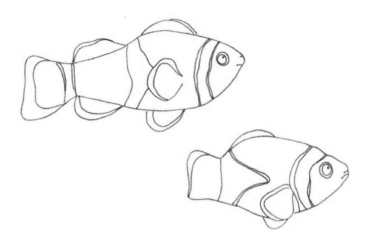

IDEAS EXTRA:

Realiza otros modelos de cuadros conservando este estilo de marco y cambiando de especies de peces. O realiza el marco enteramente de piedrecillas o de cortezas de árbol, o confecciónalo en la misma pasta de papel con textura de tronco, etc. Las figuras en relieve del interior pueden variar a tu gusto, por ejemplo: girasoles u otro tipo de flores, animales, dinosaurios, etc. Otra idea es hacer un marco de nubes con pasta de papel y dentro figuras de aves volando, también con pasta. O angelitos para la habitación infantil. O un marco de pasta formando una ventana y dentro pintar un paisaje o vista. En fin, ideas abundan.

Cuadrito sol

Materiales:

- Círculo de aprox. 7cm. de diámetro de plástico, chapa o cartón duro.
- Pasta de papel.
- Ganchito de metal para colgar (se compra en ferreterías).
- Acrílico dorado u oro antiguo.

Paso a paso:

1. Forra el disco elegido con masa por ambos lados.
2. Con un poco de masa extra moldea nariz y otros rasgos.
3. Agrega con cuidado los rayos del sol, uno a uno, si es necesario utiliza cola vinílica para asegurar. Deja secar.
4. Pinta con pintura acrílica oro antiguo o similar. No es necesario barnizar.
5. Fija el ganchito en la parte trasera con pegamento universal o con pistola encoladora.

Tapita de chapa

Modelar cara

Modelar rayos

Pegar gancho por detrás

IDEAS EXTRA:

Para este sol utilicé la tapita de una lata de conservas, pero usa lo que tengas y del tamaño que prefieras. También puedes armar flores de diferentes tamaños y/o colores.

Duende flexible

Materiales:

- Pasta de papel.
- Cable eléctrico en desuso, aprox. 2,5mts.
- Retazos de tela.
- Pegamento universal.
- Pinturas para decorar y barniz.

Paso a paso:

1. Prepara el soporte para tu muñeco: dobla y enrosca el cable guiándote por el dibujo.
2. Modela cabeza, manos, cuerpo y pies en pasta de papel sobre el soporte. Deja secar.
3. Utiliza los moldes y corta y cose la ropa de tu duende.
4. Pinta y barniza. Recomiendo el acrílico piel intermedio para la cabeza y manos.
5. Vístelo y, con pegamento, adhiere el gorro a la cabeza.

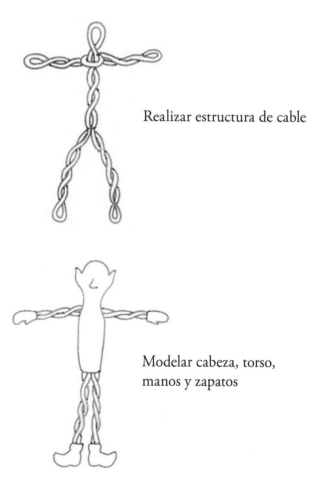

Realizar estructura de cable

Modelar cabeza, torso, manos y zapatos

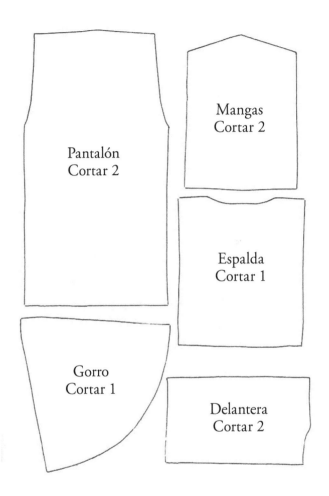

IDEAS EXTRA:

Estos muñecos quedan en la posición que los coloques, y sirven para jugar o como adorno. Engánchalo en divertidas poses en muebles, escaleras, ventanas, plantas y sorprenderás a tus visitas. Gnomos y brujas son otra buena opción para esta técnica.

Dinosaurio alcancía

Materiales:

- Frasco de plástico de miel de 1kg. Con tapa, vacío y limpio. Puedes utilizar algún frasco similar, como por ejemplo de baño de crema capilar, etc. La condición es que el plástico debe ser fuerte.
- Envase de telgopor de 1/2kg. de helado, sin tapa.
- Cinta de enmascarar.
- Papel de diario o revista.
- Pasta de papel.
- Cuchillo afilado o cúter.
- Masilla epoxi.
- Pinturas.
- Barniz.

PASO A PASO:

1. Con un cúter o cuchillito en punta afilado cala un círculo de aprox. 3,5 o 4cm. de diámetro en la base del frasco plástico. Y otro círculo similar en el pote de telgopor, que coincida con el anterior. Reserva el recorte circular de telgopor, servirá para realizar el tapón. Cala una ranura rectangular del tamaño necesario como para introducir las monedas más grandes, sobre la tapa del frasco plástico, a un costado. Une con pegamento universal ambas bases de los recipientes entre sí.

2. Dibuja un par de anchas y simétricas patas, y el inicio de la cola, sobre el telgopor. Guíate por las ilustraciones. Cala cuidadosamente y retira el excedente.

3. Con papel abollado y bastante cinta de enmascarar ve dándole forma a tu dinosaurio. Es una tarea amena y más fácil de lo que parece. Agrega un poco más de papel bajo la cola cerca de las patas para que quede ligeramente inclinado. Pon papel entre las piernas para darle forma, y en la panza. Utiliza una hoja de papel de revista, doblada y aplanada, para cada pata. Dos bollitos de papel para los brazos. Modela en papel la cabeza aparte y sujétala luego al cuerpo con bastante cinta de enmascarar. Agrega más papel donde creas que hace falta y no escatimes cinta de enmascarar. Asegúrate de dejar libres las aberturas, pero cubre alrededor con papel siguiendo la forma del dinosaurio, para que no queden tan visibles.

4. Cubre todo muy bien con pasta de papel. Ten paciencia y disfruta de tu trabajo. Hazle pequeños detalles: garras, algunas rayas en la piel, modela la cabeza a tu gusto, ojos, nariz, dientes, etc. Necesitarás un pequeño soporte para que la punta de la cola quede más elevada. Al secarse quedará firme en la posición que le hayas dado.

5. Para realizar el tapón deberás achicar un poco el diámetro del círculo de telgopor que reservaste. Cúbrelo totalmente con masilla epoxi y hazle una terminación en uno de los lados para que te resulte más fácil manipularlo al abrir y cerrar tu alcancía.

6. Una vez seco tu trabajo procede a pintar. Utilicé acrílico verde seco para fondear. Luego lo mezclé con amarillo de Nápoles y maticé distintas partes: panza, cara, parte inferior de patas y cola. Con acrílico piel oscura pinté garras y maticé lomo, parte superior de cola, patas y cabeza. Pinta ojos y dientes. Barniza.

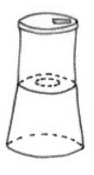

Pegar ambos frascos
entre sí, y realizar ranuras

Calar el telgopor

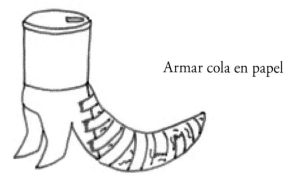

Armar cola en papel

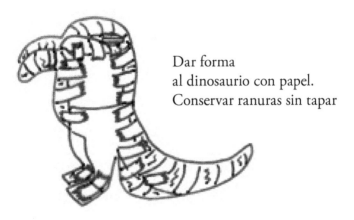

Dar forma
al dinosaurio con papel.
Conservar ranuras sin tapar

Cabeza de papel

Cubrir con pasta y modelar

IDEAS EXTRA:

Esta alcancía gustó a niños y adolescentes, así como a adultos divertidos. Tiene un tamaño considerable y gran capacidad para almacenar monedas. Puedes hacer perros, gatos o cualquier cosa que imagines. Si se te complica el tema de las patas prueba hacerlos sentados o acostados. Y si te gustan los dinosaurios arma tu propia y realista colección modelando distintos ejemplares guiándote por libros o revistas, aunque no sean alcancías. La textura rústica del papel maché sin enduído es ideal para este fin. Sólo debes prestar atención a los colores y detalles característicos de cada especie.

Fantasma de Halloween

Materiales:

- Utilizaremos los mismos materiales que en el caso de los murciélagos, excepto que la placa de telgopor utilizada es de mayor tamaño (aproximadamente 40 x 60 cm.), y la pintura es blanca, pero también necesitaremos un poco de negro para hacer los detalles.

PASO A PASO:

1. Realiza el diseño del tamaño que desees, ten en cuenta que este fantasma lucirá más en un tamaño mayor que el de los murciélagos.
2. Los demás pasos son similares y puedes consultar las explicaciones previas.
3. Al finalizar pinta de blanco y realiza los detalles guiándote por la fotografía o a gusto tuyo.

IDEAS EXTRA:

Realiza otros modelos de fantasmas, son sencillos de dibujar y, si varías sus posiciones y tamaños, puedes conseguir un interesante y "aterrador" conjunto para decorar tu casa o un salón.

Abolla papel de diario o revistas y sujétalo con cinta de enmascarar a aquellas partes que quieras dar más volumen, antes de cubrir con la pasta, para hacerlo más tridimensional.

Florero rústico

Materiales:

- Recipiente de plástico fuerte: en este caso es de yogur bebible grande pero utiliza el que consideres apropiado.
- Pasta de papel.
- Pintura rojo óxido y betún negro de zapato.

Paso a paso:

1. Forra con pasta externamente el envase y da textura con un tenedor o esteca. Deja secar.
2. Para hacer el acabado de imitación madera pinta el florero con acrílico color borravino o rojo óxido, extiende una capa de betún negro y saca lustre.

Ideas extra:

Fácil de realizar, puedes utilizarlo para contener flores secas y también frescas pues el interior es impermeable y admite agua. Realiza varios y juega con distintas texturas. Haz una imitación piedra, o píntalo con colores brillantes o que combinen con la decoración de tu entorno. El recipiente puede ser de vidrio, como el de los envases grandes de café instantáneo.

Frasquito con mariposa

Materiales:

- Un frasco de vidrio, pequeño y bonito, de mermelada o crema artesanal.
- Acetato de radiografía o tapa de plástico fino (utilicé la tapa plástica de un pote de helado de 750 CC.)
- Pasta de papel.
- Masilla epoxi.
- Alambre decorativo para antenas.
- Pinturas para decorar y barniz.

Paso a paso:

1. Marca el molde de la mariposa en el acetato o plástico y recórtalo. Dobla por el medio ligeramente para darle forma a las alas.
2. Forra tu mariposa con cuidado, tratando de que la capa de pasta de papel sea lo más fina posible sin que llegue a quebrarse.
3. Coloca un par de antenas de alambre de aluminio, que es muy fácil de modelar y lo consigues en los tonos que quieras. Deja secar.
4. Decora a gusto y barniza.
5. Pega sobre la tapa del frasquito con masilla epoxi.

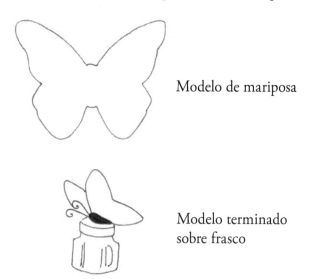

Modelo de mariposa

Modelo terminado
sobre frasco

Ideas extra:

Es fácil de realizar y un bonito detalle para la habitación de una niña o adolescente. Este tipo de mariposa es apropiado como imán, souvenir, sujeta cortinas, etc. O en distintos tamaños decorando una caja grande de madera.

Frutas en canasta y zapallo anco

Materiales:

- Papel de diario o revista.
- Cinta de enmascarar.
- Cabitos de frutas (opcional).
- Pasta de papel.
- Pinturas para decorar y barniz.

Paso a paso:

1. Son sencillas de realizar, el secreto es tomar como modelo una fruta real que queramos imitar. Le damos la forma deseada apretando y premoldeando el papel de diario o revista. Usamos la cantidad necesaria de papel de acuerdo al tamaño de la pieza.

2. Aseguramos todo muy bien con la cinta de enmascarar. Esta cinta de papel engomado tiene la ventaja de unir y sujetar permitiendo modelar con los dedos.

3. Recubrimos con la pasta de papel y realizamos los detalles. Este es el momento de colocar los cabitos si así lo deseas. Dejamos secar. Usualmente el secado de estas piezas es bastante rápido, pero en frutas grandes, como la sandía o el melón, tal vez sea necesario dar una segunda capa de pasta de papel en algunos sectores que pudieron haberse resquebrajado o deformado levemente.

4. Da, si consideras necesario, una mano de enduído y luego lija. En determinadas frutas, como los cítricos, es conveniente aprovechar la textura rugosa e irregular.

5. El toque final está dado por la decoración. La pintura dará vida y alegría a estos vegetales. Podemos optar por el realismo o la simplicidad, siempre es según el gusto de cada uno. Los colores de las frutas de las fotos se lograron así:

- Pera: acrílicos verde porcelana, piel oscuro y amarillo de Nápoles.
- Manzana: acrílicos rojo de cadmio y verde porcelana.
- Naranja: acrílicos calabaza y amarillo de cadmio.
- Limón: acrílicos amarillos de cadmio y piel oscura.
- Mandarina: acrílico calabaza.
- Bananas: .amarillo de cadmio, ocre, negro y siena tostada. Jugando con estos tonos logré tres bananas en distintos puntos de maduración.
- Ciruelas: acrílicos violetas imperiales y negro.
- Melón: acrílicos amarillo de Nápoles y manteca.
- Sandía: témpera verde mediano y acrílico verde seco.
- Zapallo anco: acrílicos piel oscura, amarillo de Nápoles y de cadmio.

Abollar papel

Encintar

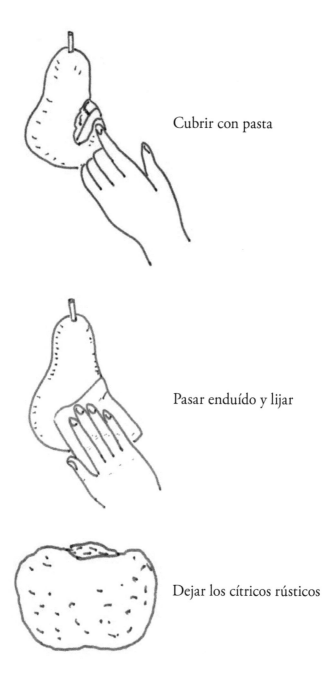

Cubrir con pasta

Pasar enduído y lijar

Dejar los cítricos rústicos

IDEAS EXTRA:

Con este sistema podemos realizar las frutas y vegetales que se nos ocurran. Quedarán muy vistosos decorando nuestra cocina, comedor o quincho, acaparando elogios por doquier. La técnica de modelados de bollos de papel como base no presenta complicaciones pero si te resulta más sencillo puedes probar con la cartapesta:

a. Elige la fruta que vas a reproducir y úntala con aceite de cocina.

b. Corta a mano tiras de papel periódico y humedécelas con agua y cola vinílica.

c. Cubre con ellas las frutas. Asegúrate de dar por lo menos tres capas. Deja secar.

d. Una vez seco corta por el medio con una trincheta. La "cáscara" de papel, no la fruta.

e. Quita la fruta y une con cinta de enmascarar las mitades para formar la fruta de cartapesta. Cubre con una o dos capas más de tiras de papel.

f. Puedes pasarle enduído para repasar y minimizar imperfecciones. Lija.

g. Decora a tu gusto.

Estas frutas sorprenden por su realismo y ligereza. Al ser huecas son muy livianas. Es otra opción.

Gallina caramelera

Materiales:

- Envase de telgopor con tapa de 1 Kg. de helado, vacío y limpio.
- Papel de diario o revista.
- Cinta de enmascarar.
- Pasta de papel.
- Pinturas para decorar y barniz.
- Betún de Judea (opcional).

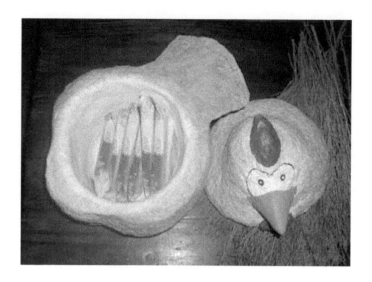

PASO A PASO:

1. Con papel abollado y cinta de enmascarar recubre el recipiente de telgopor dándole forma de gallina. Guíate por el dibujo o por el modelo terminado. O bien por alguna gallina de cerámica o similar que poseas.

2. Para la cola forma una base con papel de diario o revista doblado y pégalo al recipiente con cinta. Para la cabeza recubre la tapa con papel abollado (sólo de un lado) dándole la forma con cinta de papel. Si no pudiste hacer todos los detalles con papel abollado, por ejemplo cresta, no te preocupes, podrás hacerlos luego con la masa.

3. Recubre con pasta de papel y dale detalles de plumas con un tenedor, estecas, palillos, etc. Recubre también el interior del recipiente y la base de la tapa, procurando que queden lisos. Deja secar. Es posible que necesites apoyar la punta de la cola sobre un frasquito o pequeño vaso, etc., para sostenerla hasta que seque y quede firme.

4. Decora a tu gusto. No olvides barnizar para proteger la pieza porque si contiene golosinas será bastante manipulada, y de este modo podrás limpiarla
   con un trapito húmedo cada vez que sea necesario.
   Si deseas que resalte más la textura de las plumas,
   luego del barniz aplica betún de Judea (comprado
   o casero) y retira el excedente con un trapo limpio.
   Deja orear bien y no lo apliques en el interior ni en
   la base de la tapa.

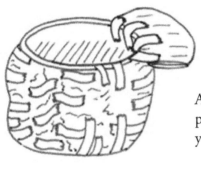

Abollar papel
para formar cuerpo
y pegar cola

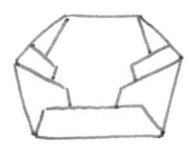

Cola: doblar el papel

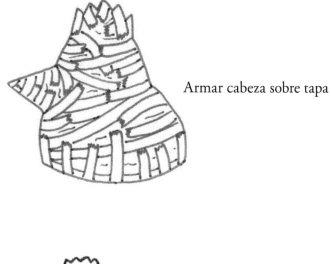

Armar cabeza sobre tapa

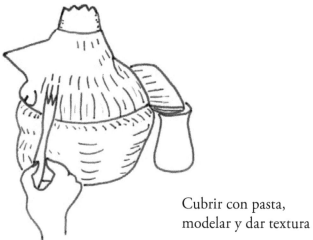

Cubrir con pasta,
modelar y dar textura

IDEAS EXTRA:

Seguramente se te ocurrirán otras ideas para carameleras.
Si vas a usar este tipo de recipiente te conviene siempre
que sea de 1 Kg. de helado para que tenga más capacidad.
Incluso si consigues algún recipiente más grande podrías

hacer una nave espacial tipo platillo volador, apropiado para usar en un cumpleaños infantil como golosinero o, si es lo suficientemente grande, como porta souvenires. Hay en el mercado una pareja de abuelos carameleros de cerámica que quedan muy decorativos. ¿Por qué no probar hacerlos de papel maché? En el libro encontrarás la explicación de una calabaza de halloween caramelera.

Gato souvenir

Materiales:

- Foquito de luz o lamparita quemada. Si no tienes, usa papel abollado y sujeta con cinta enmascarar, o talla telgopor.
- Pasta de papel.
- Pinturas para decorar y barniz.

Paso a paso:

1. Forra todo el foquito con pasta de papel dando forma redondeada. Marca con un palillo las patas y con un poco de masa extra moldea unas patitas en la base, orejas, cola, nariz y cachetes. Deja secar.
2. Pinta a gusto y barniza.

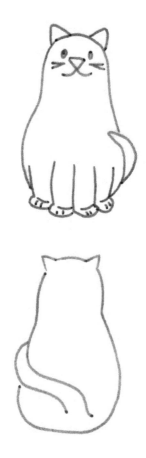

Ideas extra:

Apropiados como souvenir de cumpleaños infantiles y moldeables fácilmente en serie. Para pintarlos es conveniente que vayas cambiando los colores para que sean más divertidos. Como el gato es gordito puedes realizar a Garfield, si es del agrado de tus niños. O tal vez ellos prefieran perros, osos, conejos, pollitos...Haz la base con papel y ve cambiando un poco la forma. No temas intentar.

Gnomo leyendo

Materiales:

- Papel de diario.
- Cinta de enmascarar.
- Pasta de papel.
- Pinturas para decorar y barniz.

Paso a paso:

1. Abolla una hoja de papel para la cabeza y sujeta con cinta para mantener la forma redondeada.
2. Abolla dos hojas de papel para el cuerpo y dale forma cilíndrica. Une todo muy bien con cinta entre sí y a la cabeza.
3. Arrolla una hoja de papel. Pasa por detrás del cuerpo a la altura de los brazos para darles forma y une adelante con cinta de enmascarar, achatando un poco a modo de libro.
4. Para las piernas arrolla otra hoja de papel. Pasa por detrás del cuerpo a la altura de la base hacia delante, pero no unas. Sujeta con cinta.
5. Para el sombrero forma un cono con una hoja de papel, ahuecando un poco en el extremo más ancho y únelo a la cabeza con cinta.
6. Recubre todo con masa y, con estecas, palillos y principalmente tus dedos, ve dándole la forma deseada y los detalles: barba, rostro, manos, zapatos, vestimenta, libro. Deja secar.
7. Pinta a tu gusto y barniza.

Cabeza de papel

Unir cabeza
al cuerpo de papel

Realizar brazos
de papel y libro

Agregar piernas

Formar cono
para el gorro

IDEAS EXTRA:

Busca la lista de materiales y explicaciones para el hongo en la sección del "hongo sujeta puerta". El gnomo solitario puede adornar el sitio que quieras y será igualmente llamativo. Pero es muy liviano, para sujetalibros necesitas el hongo. Siéntalo sobre el hongo, o puedes colocar un hada, un niño o niña, vaquita de san Antonio, etc. Todo es posible de realizar con base de papel abollado, cinta de enmascarar, imaginación y ganas.

Gnomo sentado

Materiales:

- Foquito o lamparita de luz quemada.
- Frasco pequeño de yogur bebible vacío y limpio.
- Cable usado doblado dos o tres veces.
- Cinta de enmascarar.
- Papel de diario o revista.
- Pasta de papel.
- Enduído.
- Pinturas para decorar y barniz.

Paso a paso:

1. Realiza la forma base para tu gnomo guiándote por el dibujo: coloca la bombilla de luz dentro del frasco de yogur. Asegura con la cinta de enmascarar. Abolla el papel de diario y modela una forma cónica para el sombrero y sujeta al foquito con cinta. Dobla el cable y fija con cinta a la base de frasco de yogur. Serán las piernas, colócalas en la posición deseada.

2. Comienza a cubrir con pasta de papel. Con la ayuda de tus dedos y estecas ve dándole los detalles, aunque primero es conveniente darle una base general con papel maché. Puedes guiarte por el modelo terminado o crear el tuyo propio a partir de tus preferencias u otros dibujos que te guíen. Es necesario que el gnomo sea modelado ya sentado en el lugar donde quedará secándose porque resultará algo frágil y conviene no estar moviéndolo hasta que esté seco. Modela las piernas con sumo cuidado y paciencia. Deberán tener una base de apoyo para evitar que la pasta húmeda se desprenda o agriete.

3. Una vez seco tu trabajo pasa con prolijidad una fina capa de enduído con los dedos húmedos. Es para cubrir grietas en el caso de que las hubiera. Ten presente que debe quedar bien difuminada e imperceptible porque no lijaremos.

4. Decora a tu gusto y barniza.

5. ¡Disfruta tu obra!

Colocar foquito en envase

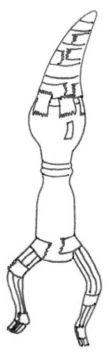

Pegar gorro de papel
y piernas de cable

Cubrir con pasta y modelar

Secar sobre soporte

IDEAS EXTRA:

Para sentarlo donde quieras: en macetas, bordes de muebles, escaleras. Si te gustó esa posición atrévete con otro tipo de figuras: niños sentados, ángeles, etc. Si no tienes a mano los materiales que te sugerí para realizarlo puedes hacer la estructura base enteramente de papel abollado, sujetándolo todo muy bien con cinta de enmascarar.

Hada

Materiales:

- Pelotita de telgopor número dos (puede ser también un bollito de papel de aprox. 2 cm. de diámetro).
- 60 cm. de alambre flexible dividido en 3 secciones iguales (dos para el cuerpo y piernas y una para brazos).
- 90 cm. de alambre de aluminio para las alas (en este caso utilicé dorado pero vienen en varios colores metalizados y vistosos).
- Tramo de tul de color a elección de 55 cm. x 10 cm., para la vestimenta.
- Retazo de tela brillante para el pañuelo de la cabeza.
- Pasta de papel.
- Enduído y lija suave.
- Pinturas para decorar y barniz.

Paso a paso:

1. Divide el alambre en tres secciones de 20 cm. cada una y prepara el soporte base para el hada siguiendo las indicaciones del dibujo. Dale el movimiento que desees a las extremidades y, si es necesario, sujeta con cinta de enmascarar.
2. Forra con pasta de papel. Puede resultarte un poco dificultoso cubrir bien los alambres cuidando la apariencia delicada del hada, pero con un poco de paciencia lo lograrás. No olvides las orejitas puntiagudas y darle forma a pies y manos. Deja secar.
3. Dobla el alambre de aluminio y forma las alas.
4. Extiende con los dedos húmedos una fina capa de enduído cuidando de distribuirlo lo más parejo posible para evitar el uso de la lija. El enduído ayudará a tapar las grietas e imperfecciones si las hubiera y reforzará la estructura.
5. Pinta con acrílico piel intermedio cuerpo y cabeza y dibuja la cara a gusto. Utilicé dorado para cejas y pestañas, y colores muy suaves en general.
6. Realiza un pañuelito y pégalo a la cabeza. Puedes colocarle un rulito de cabello sintético en la frente asomando por debajo del pañuelo.
7. Para realizar la vestimenta: dobla a la mitad el rectángulo de tul y ata las alas. Luego ata las alas y el tul a la espalda del hada, sujetando el cuello. Ata y baja las tiras de tul a modo de corpiño, baja y lleva para atrás, da una vuelta, luego otra vez para adelante y para atrás, pasando a través de las piernas. Ata en la cintura. Sobrará algo de tela y al abrir las tiras de tul semejará una etérea faldita.

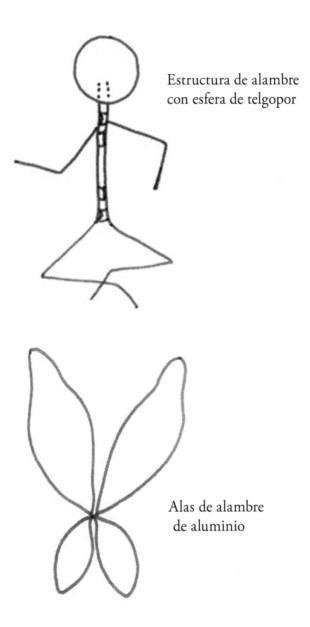

Estructura de alambre
con esfera de telgopor

Alas de alambre
de aluminio

Estructura forrada
en pasta y modelado

Hada terminada

IDEAS EXTRA:

El hada en esta posición es ubicable en casi cualquier sitio, aún sentada entre las ramas de alguna planta interior porque es muy livianita. Sus brazos y piernas pueden engancharse para evitar que se caiga. Haz las alas de tul o de acetato y, si quieres obviar el pañuelo, realízale un peinado con cabello sintético, lana, estopa, pasta de papel, etc.

Hongo sujeta puerta

Materiales:

- Frasco de queso crema o similar de 500 grs. con tapa, vacío y limpio. Lo ideal es que tenga forma acampanada o de cono truncado, si no es posible no te preocupes, puedes darle la forma con papel.
- Arena.
- Tapa redonda de telgopor de pote de helado de 1kg.
- Papel de diario o revista.
- Cinta de enmascarar.
- Pasta de papel.
- Pegamento universal.
- Pinturas y barniz.

Paso a paso:

1. Llena el frasco con arena, tápalo y asegura la tapa con cinta de enmascarar. Luego lo usaremos invertido con la tapa hacia abajo.
2. Forra el frasco con pasta de papel. Agrega más pasta a la base del hongo para darle forma. Deja secar.
3. Para realizar la copa usa la tapa de telgopor sobre la que fijarás con cinta de enmascarar papel abollado hasta darle forma casi semiesférica.
4. Forra con pasta y deja secar.
5. Une ambas partes con un pegamento fuerte. Si lo haces antes de que la pasta esté seca por completo la fijación será mayor.
6. Si consideras necesario pasa enduído en base y copa (no apliques bajo la copa para simular irregularidades propias del hongo). Luego lija.
7. Pinta la copa con rojo bermellón o rojo de cadmio, y la base y motas con acrílico manteca o blanco antiguo. Barniza.

Llenar con arena

Tapar

Cubrir con pasta

Armar copa
sobre tapa con papel

Copa cubierta de pasta

Unir ambas partes

IDEAS EXTRA:

Es un detalle bonito y original. Puedes moverlo con el pie para cambiarlo de lugar porque se desliza fácilmente, pero es resistente. Por su peso y solidez protege eficazmente de los golpes en las puertas por corrientes de aire. Se me ocurre que puedes hacer otros modelos para adaptarlos a las distintas habitaciones de la casa. Si tu decoración es más sobria prueba hacer un sujeta puerta con forma de piedra o columna que no tendrá el exagerado peso de una piedra o columna reales y no se romperán. Para la habitación de los niños: un soldado o un robot, usando uno de esos envases grandes de shampoo o acondicionador. Lo llenas de arena y luego con papel arrugado y cinta de enmascarar vas dándole la forma que buscas. Al recubrirlo con pasta y con ayuda de estecas (y principalmente tus dedos) y junto a la decoración, le darás los detalles restantes y tendrán un vistoso guardián para el dormitorio. De la misma forma puedes hacer patos (aptos para cocina y comedor); gatos y perros acostados (aptos para prácticamente cualquier habitación, pero gustará mucho a niños y adolescentes) también sapos, tortugas y lo que se te ocurra. Si no tienes mucha idea de cómo hacerlo:

a. Busca un recipiente apropiado con tapa y rellénalo con arena o pequeñas piedras.

b. Busca una foto o ilustración del modelo que quieres realizar. Te ayudará en la ejecución de tu obra, pero no te obsesiones con los detalles. Minimiza o resalta rasgos, adáptalo a tus gustos y necesidades e imprime tu sello personal.

c. Mucho entusiasmo, imaginación y ¡manos a la obra!

Imanes

Materiales:

- Pasta de papel.
- Pinturas para decorar y barniz.
- Imanes (en este caso son reciclados de burletes de heladera, pero puedes comprarlos en almacenes de manualidades y ferreterías).
- Pegamento universal o pistola encoladora.
- Mostacillas, alambre de aluminio, caracoles, purpurina, etc.

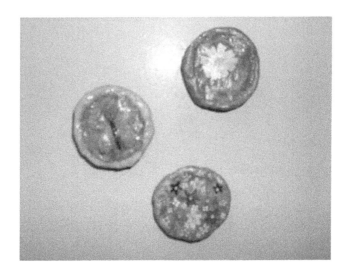

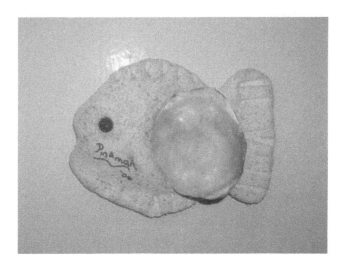

Paso a paso:

Son tan sencillos que casi ni requieren explicación. Modélalos a tu gusto directamente en pasta. Si quieres agregarle mostacillas u otros detalles hazlo con la masa húmeda. Excepto la purpurina que debes aplicarla luego de pintar. Deja secar y decora a tu gusto. Pega el o los imanes por detrás.

Ideas extra:

Estas artesanías son ideales para aprovechar los sobrantes de masa. Siempre bienvenidos en nuestra heladera o bordes de ventanas, o para obsequiar como souvenires rápidos y graciosos. Puedes utilizar cortantes de repostería y porcelana fría y hacerlos del tamaño que desees. Si son muy grandes, agrega al dorso los imanes que hagan falta. Resistirán muy bien pues la pasta de papel seca es muy liviana y admite apliques variados.

Juego de comedor para muñecas

Materiales:

- Pote de telgopor de 1kg de helado, vacío y limpio, con tapa.
- Cuatro frasquitos pequeños de alimento para peces, vacíos y limpios. Si no los tienes, usa los que consigas o moldéalos en telgopor. Tienen aprox. 7cm. de altura x 4cm. de diámetro.
- Arena.
- Pegamento universal.
- Pasta de papel.
- Recortes de telgopor en trozo y en plancha.
- Enduído y papel de lija.
- Pintura acrílica rojo borravino u óxido.
- Betún negro de calzado.

PASO A PASO:

1. Llena los frasquitos con arena. Si utilizas bloquecitos de telgopor ahuécalos un poco y rellénalos con algo pesado. Tapa con papel y cinta.
2. Recorta 8 círculos de telgopor en plancha de aprox. 4,5cm. de diámetro. Pégalos con pegamento universal sobre las bases y tapas de los frasquitos.
3. Para hacer la mesa: saca la tapa y reserva. Da vuelta el pote de helado para que quede la parte mas ancha abajo y marca con lápiz, de manera geométrica, cuatro patas. Cala con cuidado y reserva los recortes porque serán el respaldo de las sillas.
4. Pega la tapa por encima de la mesa y los recortes en la silla. Achica los recortes previamente y mejórales un poco la forma antes de sujetarlos con pegamento y reforzarlos con palillos.
5. Cubre todo muy bien con pasta de papel y deja secar.
6. Si consideras necesario pasa enduído y luego lija.
7. Para la pintura imitación madera: pinta todo con acrílico rojo borravino, también puede ser témpera rojo oscuro. Deja secar. Unta todo con betún de calzado negro y saca lustre con un trapo.
8. El florero jarrón es muy sencillo: talla un bloquecito de telgopor del tamaño apropiado y cálale una hendidura para que entren las flores. Cubre con pasta, deja secar y decora a tu gusto.

Llenar frasquito con arena

Pegar círculos de telgopor al frasco

Calar el recipiente de telgopor

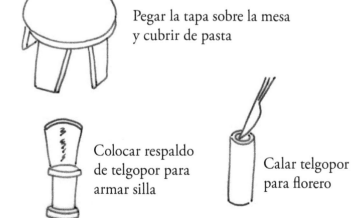

Pegar la tapa sobre la mesa y cubrir de pasta

Colocar respaldo de telgopor para armar silla

Calar telgopor para florero

Ideas extra:

Es conveniente que los frasquitos estén rellenos con arena para que puedan sostener a las muñecas sin caerse y se mantengan mejor en su sitio. Si no te gusta la imitación madera pinta tu juego de comedor de colores más alegres. Si eliminas los respaldos de las sillas tendrás banquitos para que ninguna muñeca quede sin su asiento.

Juguete didáctico

Materiales:

- Envase de telgopor de 1kg. de helado, vacío y limpio, con tapa.
- Varilla de madera de 70cm. de longitud (se compran en almacenes de manualidades y madereras).
- Cinco esferas de telgopor: nº 6, nº 7, nº 8, nº 9, nº 10.
- Pasta de papel.
- Enduído y papel de lija.
- Masilla epoxi.
- Pinturas y barniz acrílico, no tóxico.

Paso a paso:

1. Haz un agujero en la base del envase del tamaño
    suficiente para que penetre la varilla. También en el
    centro de las cinco bolas, de lado a lado. Para este fin
    puedes utilizar una varilla de metal calentada en la
    cocina, o un tornillo grueso y largo. Sé cuidadoso. El
    centro ya se encuentra marcado y es fácil de seguir.
    Tal vez al comienzo desprendan algo de telgopor
    cada vez que se deslicen por la varilla de madera,
    luego deja de suceder.
2. Coloca la varilla en su sitio y asegura con un poco de
    masilla epoxi. Deja secar y luego cubre uniformemente
    toda la base con pasta de papel.

3. Recubre con pasta una a una todas las bolas, dejando libres los orificios. Deja secar.

4. Si consideras necesario pasa una mano de enduído y lija, para emparejar la textura y pequeños defectos, si los hubiera.

5. Pinté la base y la varilla de color azul con vivos en blanco para que resalte, y evitar accidentes. Este es un juguete para niños pequeños, y si la varilla está vacía tal vez no la vean y puedan lastimarse. Pinté cada esfera de un color diferente, y los números del uno al cinco y las cinco vocales. Usa papel carbónico para transferirlos y píntalos de un color contrastante. Puedes usar marcador indeleble. Barniza.

Pegar tapa y perforar base

Perforar esferas de telgopor

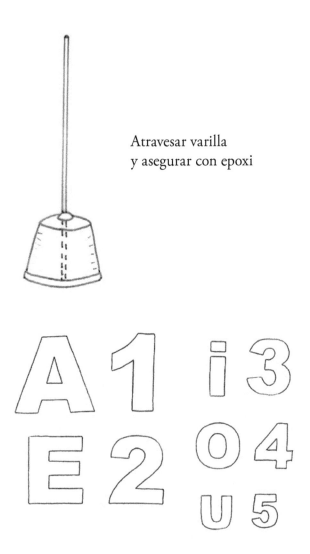

Atravesar varilla
y asegurar con epoxi

Ideas extra:

Este juguete de encastre es apropiado para jardines de infantes, y ha gustado y entretenido a los niños que han venido a casa. Realízalo con más o menos esferas, texturiza, usa los colores que prefieras, o distintos estampados sin letras o números.

Llaveros

Materiales:

- Pasta de papel.
- Aros para llaveros (se compran en las tiendas para armadores de bijouterie).
- Masilla epoxi (para los detalles, uniones o reparaciones, puede ser para artesanos o de secado rápido).
- Pinturas para decorar y barniz.

Paso a paso:

1. Elige el o los modelos de tu agrado y modela cada uno a mano o ayudándote con cortantes de repostería. Incorpora la cadenita del llavero y deja secar con cuidado.
2. Una vez seco tu llavero agrega un poco de masilla epoxi en la unión entre la cadenita y la figura para asegurar.
3. Decora a gusto y barniza.

Insertar gancho para llaveros en las formas modeladas

Ideas extra:

Son opciones interesantes para regalar como souvenires de cumpleaños para los niños más grandes y adolescentes. Sencillos de realizar, serán bien recibidos por todos y, en cortantes para repostería y moldes para masa de modelar para niños, encontrarás variedad de modelos para escoger, incluyendo letras y números. Puedes trabajarlos en serie o diseñar uno por uno. Pueden ser todos similares o todos diferentes. Si vas a realizar sólo algunos llaveros para uso personal utilizarás muy poca pasta de papel, así que puedes aprovechar sobrantes de pasta de otros trabajos más grandes.

Nota: El portallaves también es un reciclado, fue realizado con recortes de machimbre clavados a una tabla y decorados con acrílicos. Los ganchitos se consiguen en cualquier ferretería.

Macetitas decoradas

- Envases plásticos, vacíos y limpios, sin tapa. En este caso son de helado de 750 CC., pero también pueden ser de miel, de dulce, o algún baldecito infantil en desuso. Puedes usar macetas plásticas comunes o reciclar alguna que no te agrade tanto.
- Pasta de papel.
- Estecas, utensilios de cocina, palillos, etc.
- Acrílico rojo óxido o borravino y betún negro de zapatos.

Paso a paso:

1. Forra el envase con pasta de papel sólo por los costados. No apliques pasta en el interior ni en la parte de abajo.
2. Realiza la textura que prefieras. A una de ellas simplemente con un tenedor fui marcándole líneas para semejar madera, y a la otra le apliqué hojas de la misma masa. Deja secar.
3. Píntalas con acrílico rojo óxido o borravino y cuando seque aplica betún negro de calzado con algodón o cepillo. Deja actuar unos minutos y saca lustre con un paño.

Ideas extra:

Si vas a utilizarlas como macetas no olvides perforar uno o dos agujeros en la base. Si servirán para portamacetas esto no será necesario. De todos modos tendrás que utilizarlas para plantas de interior para evitar que las dañe la lluvia. La decoración queda librada a tu imaginación: colores que armonicen con tu casa; lisos o combinados; estridentes o más calmos; dibujos; figuras geométricas; con apliques de piedras, venecitas, caracoles, gemas, etc.

Mangos de soga de saltar

Materiales:

- 2 envases pequeños de yogures bebibles vacíos y limpios para cada soga.
- Soga o cuerda de grosor apropiado (se venden por metros en ferreterías).
- Papel de diario o revista.
- Cinta de enmascarar.
- Pasta de papel.
- Enduído y lija (opcional).
- Pinturas para decorar y barniz.

Paso a paso:

1. Perfora el centro de las bases de los envases con un punzón o cuchillo de punta, pasa la soga y anuda del otro lado para trabar.
2. Rellena con papel de diario o revista el envase hasta que quede bien firme. Sujeta con la cinta de enmascarar.
3. Cubre con la pasta de papel y deja secar.
4. Si quieres una textura más lisa, da una mano de enduído y lija después.
5. Decora a tu gusto y barniza.

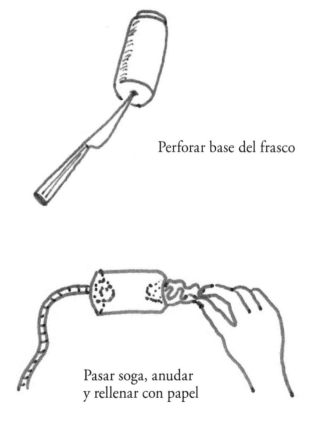

Perforar base del frasco

Pasar soga, anudar
y rellenar con papel

IDEAS EXTRA:

Adapta la longitud de la soga para la persona que vaya a usarla. Este tipo de mangos es adecuado para adultos, adolescentes o niños grandes. Si es para un niño más pequeño realiza el mango con un envase más delgado, como tubitos de mostacillas vacíos. Si éstos son cortos será necesario alargarlos con papel de diario o revista. O bien realiza un tubo con cartón del tamaño adecuado y sujeta bien con cinta los laterales y la soga. Luego la pasta le dará la firmeza que queremos. Si quieres que la soga gire no llenes de masa el orificio de salida para que no quede trabada.

Maracas

Materiales:

- Envases de yogur bebible vacíos y limpios.
- Botones, cuentas (mostacillas), pequeñas piedras, cascabeles, etc.
- Cinta adhesiva ancha.
- Pasta de papel.
- Pinturas para decorar y barniz.

Paso a paso:

1. Para cada maraca necesitaremos dos envases. Rellena un poco uno de ellos y coloca boca con boca ambos frascos, uniendo muy bien con cinta adhesiva. Utiliza distintos materiales para cada maraca para obtener diferentes sonidos.
2. Recubre con pasta de papel y deja secar.
3. Pinta a tu gusto y barniza con barniz acrílico.

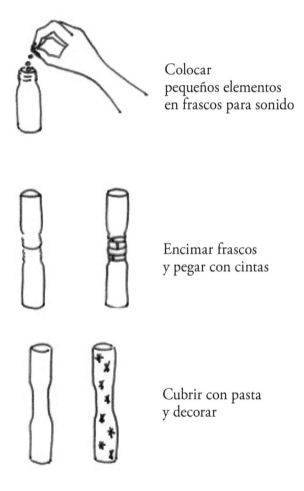

Colocar
pequeños elementos
en frascos para sonido

Encimar frascos
y pegar con cintas

Cubrir con pasta
y decorar

IDEAS EXTRA:

En los jardines de infantes se utilizan unos pequeños instrumentos musicales confeccionados por las maestras. Se llaman cajitas de sonido. Son cajitas de cartón con diferentes rellenos para conseguir sonidos graves y agudos e iniciar a los niños en la apreciación musical. ¿Por qué no realizarlos con maracas? Vistosas, duraderas y resistentes, encantarán a los niños.

Móvil de monigotes

Materiales:

- Tapa redonda de telgopor de 1kg de helado.
- Tanza de grosor medio.
- Dos lamparitas o foquitos quemados.
- Dos esferas de telgopor número 6.
- Dos tramos de alambre resistente de aprox. 40 cm. para las patitas.
- Dos tramos de alambre resistente de aprox. 30 cm. para los brazos.
- 1,50 metros de cordón hueco de algodón.
- Masilla epoxi.
- Dos varillas de 10 cm. de largo x 1 cm. de diámetro (puede ser también palito de helado, de brochette, etc.)
- Pasta de papel.
- Pinturas y barniz.

PASO A PASO:

Soporte del móvil:

1. Pasa la tanza por una pequeña perforación en el medio de la tapa. Anuda y sujeta con cinta. Realiza cuatro pequeñas perforaciones y pasa cuatro hilos de tanza de aprox. 30 cm. cada uno. Anuda del otro lado y asegura con cinta.
2. Forra ambos lados de la tapa con pasta y deja secar. Cuida que los hilos de tanza no queden cubiertos.
3. Pinta y decora a gusto. Barniza.

Mnigotes:

1. Cala levemente la esfera de telgopor e introduce en ella parte del metal del foquito. Asegura con cinta.
2. Forra cuidadosamente con pasta de papel y deja secar.
3. Forra los tramos de alambre con el cordón de algodón que cortarás a medida de cada uno. Puedes hacerle las terminaciones de zapatos y manos (o guantes) directamente con masilla epoxi, que es lo más recomendable, o hacerlos en pasta de papel y unirlos con epoxi. Personalmente aconsejo la primera opción porque en mi caso apliqué la segunda y se complicó innecesariamente.
4. Pinta los monigotes: cuerpo, cabeza, pies, manos, y si quieres también el cordón. Barniza.
5. Premoldea los alambres antes de fijar al cuerpo con epoxi. Deja secar y pinta las uniones para dar terminación y prolijear.

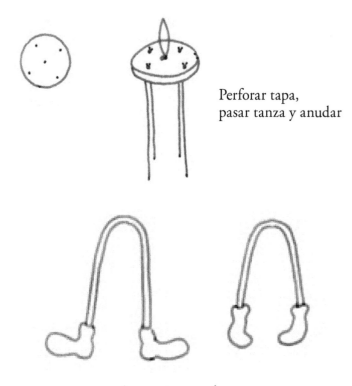

Perforar tapa,
pasar tanza y anudar

Arma piernas y brazos

Inserta esfera de telgopor en
bombilla de luz

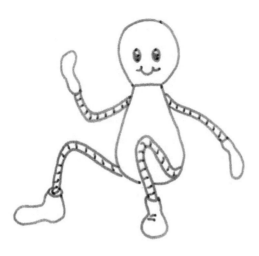

IDEAS EXTRA:

Úsalo como móvil en posturas divertidas o utilízalos por separado como simpáticos muñecos flexibles en una repisa, enganchados del borde de la cama, o de una ventana, decorando un portarretrato, o donde tú prefieras. En el cuerpito puedes pintarle el nombre del niño a quien vaya dirigido o los colores de su equipo de fútbol favorito y colgarlo de la puerta de su habitación en graciosa pirueta. Recubiertos de pasta estos muñequitos se vuelven muy resistentes y si se caen al suelo no se rompe el foquito en su interior.

Muñeco equilibrista

Materiales:

- Tubo de plástico o cartón de aproximadamente 10 cm.
- Papel de diario o revista.
- Cinta de enmascarar.
- Pasta de papel.
- Pinturas y barniz (solo utilicé acrílicos color piel, blanco y negro).
- Tela, hilo y aguja, vellón, velcro.
- Cascabeles (opcional).
- 2 palitos de helado (o alguna maderita que tengas de aprox. ese tamaño).
- Tanza.

PASO A PASO:

1. Necesitas que el tubito sea algo más largo que en el caso de los títeres, porque de este modo quedará un tramo dentro del muñeco y dará firmeza a la cabeza cuando esté unida al cuerpo. Para realizar la cabeza procede como en el caso de los títeres, pero esta confección es más sencilla. La gracia se hallará entonces en los distintos movimientos que realizará el muñeco móvil.

2. Deja secar la pasta y pinta de manera simpática y sencilla. Protege con barniz.

3. Transfiere el molde del cuerpo, manos y bonete a telas apropiadas. Recorta y cose. Rellena el cuerpo por la abertura del cuello.

4. Pasa una bastilla por la abertura del cuello e introduce el tubito hasta cubrir la rebarba de pasta. Cose y anuda, también puedes asegurar con pegamento.
5. Pega el bonete a la cabeza y cose el velcro en manos y pies.
6. Arma la hamaca: une con pegamento dos palitos de helado, ata cascabeles a los costados y tanza para colgar del largo que prefieras. Pega dos trocitos de velcro sobre uno de los lados de la hamaca. Siempre presta atención para que coincidan los abrojos de los velcros.

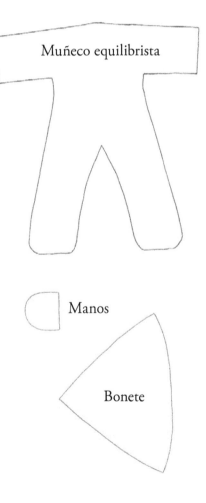

Muñeco equilibrista

Manos

Bonete

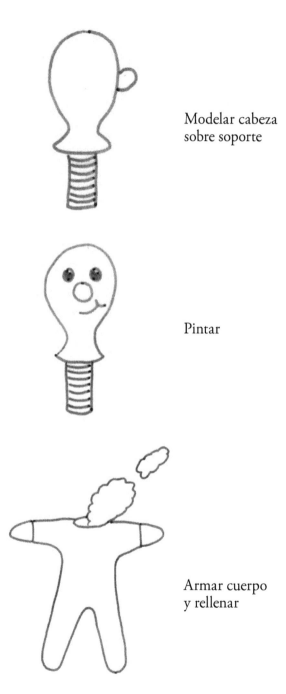

Modelar cabeza
sobre soporte

Pintar

Armar cuerpo
y rellenar

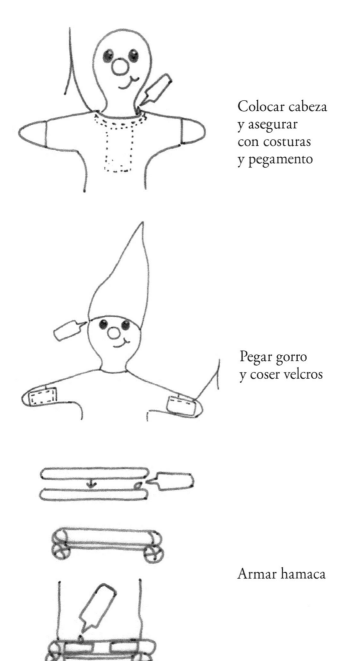

Colocar cabeza
y asegurar
con costuras
y pegamento

Pegar gorro
y coser velcros

Armar hamaca

Ideas extra:

El muñeco de la foto es apropiado como adorno navideño en la habitación de los niños. Puedes armar un móvil con varios muñequitos con distintas y coloridas vestimentas. Si le cambias la posición de los velcros en el cuerpo tu muñeco hará distintas piruetas en la hamaca.

Murciélagos de Halloween

Materiales:

- Recortes de planchas de telgopor de aproximadamente 20 x 30 cada uno (o del tamaño que prefieras). No conviene que el grosor del telgopor sea muy fino porque puede quebrarse entre la unión de las alas con el cuerpo mientras la pasta aun está húmeda, porque el murciélago estará pesado.
- Pasta de papel.
- Enduído.
- Pintura negra y barniz.
- Ganchito para colgar (se compra en ferreterías o puedes confeccionarlo con alambre).
- Pegamento universal o pistola encoladora.

Paso a paso:

1. Amplia el diseño al tamaño deseado y marca sobre el telgopor. Con un cuchillito afilado, segelin o cutter ve recortando cuidadosamente.
2. Cubre con pasta y deja secar. Puedes cubrirlo solo por un lado o por ambos. Si lo cubres sólo por la parte superior, cuando seque puedes pegarle un cartón en la parte posterior para darle más durabilidad y terminación.
3. Si lo crees necesario cubre con una fina capa de enduído, deja secar y pasa una lija para prolijear.
4. Pinta y barniza.
5. Pega el ganchito por detrás y ya tienes lista tu artesanía para la fiesta de halloween.

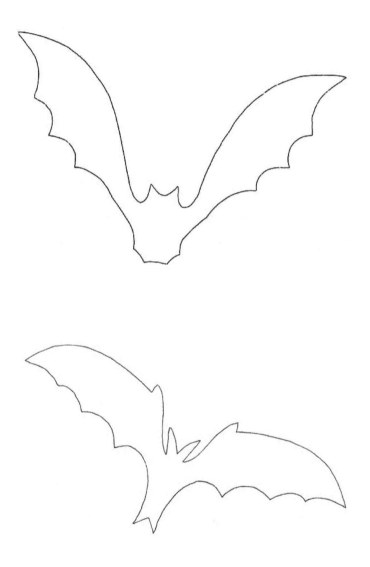

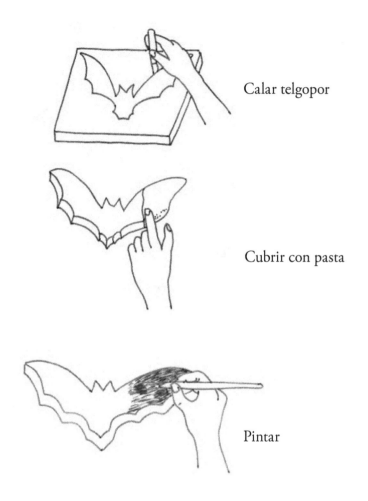

Calar telgopor

Cubrir con pasta

Pintar

IDEAS EXTRA:

Hazlos de varios tamaños para que al colgarlos de la pared semejen un vuelo a diferentes distancias. Busca en revistas o libros, o inventa tus propios dibujos para diferentes siluetas de murciélagos o, por ejemplo, de brujas voladoras. Al estar decorados simplemente con pintura oscura, puedes hacer resaltar sus ojos con un macabro brillo fluorescente. Estas pinturas son muy fáciles de conseguir tanto en acrílicos como en témperas.

Peces

Materiales:

- Papel de diario o revista.
- Cinta de enmascarar.
- Pasta de papel.
- Enduído. Lija.
- Pinturas para decorar y barniz.

Paso a paso:

1. Están enteramente realizados en papel. La forma básica se logra apretando y moldeando el papel de diario o revista y sujetando con cinta de enmascarar. El trabajo es sencillo pero si prefieres puedes intentar tallar una pieza de telgopor.
2. Forra con pasta y deja secar.
3. Si usarás estos peces para decorar un baño es recomendable el uso de enduído para darle más resistencia a la humedad.
4. Decora a tu gusto. En este caso utilicé acrílicos ocre, azul ultramar, negro y blanco.
5. Barniza

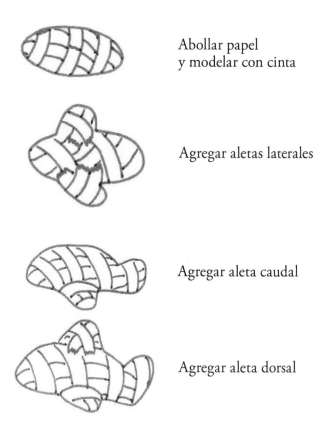

Abollar papel
y modelar con cinta

Agregar aletas laterales

Agregar aleta caudal

Agregar aleta dorsal

IDEAS EXTRA:

Quedan decorativos en cualquier rincón de la casa. Son económicos y sencillos de realizar. Prueba hacerlos en distintos tamaños y/o variar sus formas. Los peces se prestan para que des rienda suelta a tu imaginación al decorarlos. Haz uso y abuso del colorido o píntalos con discreción. Todo vale.

Pesebre con figuras

Materiales:

- Dos contenedores iguales de acrílico de folletos de propaganda. Es lo que he usado, pero puedes reemplazarlo fácilmente por madera, cartón grueso, telgopor, o fibrofácil.
- Pasta de papel.
- Telgopor.
- Dos envases pequeños de alimento para peces de 10 grs., vacíos y limpios.
- Papel de diario o revista.
- Cinta de enmascarar.
- Pinturas.
- Barniz o pomada para zapato.

Paso a paso:

Pesebre:

1. Arma la base guiándote por los dibujos. Si usas porta folletos quítales la placa plástica contenedora. Enfrenta las partes traseras y une con cinta por la parte superior. Quedará formado un triángulo. Corta una base de telgopor del tamaño de los dos soportes unidos. Une todo muy bien con cinta adhesiva.
2. Cubre todo con masa y dale textura si deseas. Deja secar.
3. Modela una estrella, puedes utilizar cortante. Cuando seque píntala de dorado. Acentué su brillo con un esmalte de uñas con glitter.
4. Pinté con acrílico marrón otoño y, sin barnizar, le apliqué pomada de zapatos negra, logrando un tono rugoso y rústico como piedra.

Figuras de María y José:

1. María: haz una bolita de papel y sujeta al tope del frasquito, a modo de cabeza. Abolla otro poco de papel y ponlo a un costado de la base. Está sentada sobre sus piernas flexionadas al igual que José. Cubre con pasta. Modela manitos en actitud de rezo, túnica y manto. Deja secar y pinta con acrílicos piel intermedio, azul cielo y blanco. O puedes utilizar témperas. Barniza.
2. José: necesitas una bolita de papel más grande para la cabeza para que sea más alto que María. Agrega papel abollado a los costados a modo de brazos y otro bollo de papel para las piernas, al igual que María, pero un poco más alargado. Reviste con pasta todo el cuerpo, modelando túnica, brazos, manos, cabello y barba. Deja secar. Pinta a gusto y barniza.

Niño Jesús y cuna:

1. Cuna: talla en telgopor una cajita simple de aprox. 6 x 3cm. Ahuécala un poco. Cubre con pasta y modela pajita texturando con un palillo. Deja secar. Pinta de marrón otoño y ocre y luego barniza.

2. Niño Jesús: el bebé es modelado enteramente en pasta. Fíjate en los dibujos, pero si te resulta complicado por su reducido tamaño, haz sólo la cabecita, un bultito para el cuerpo y cúbrelo con pasta a modo de mantita. Deja secar. Pinta con acrílico color piel y blanco. Barniza y ubícalo en el pesebre.

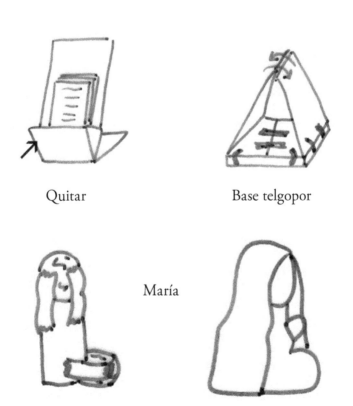

Quitar   Base telgopor

María

José

Jesús

Cuna

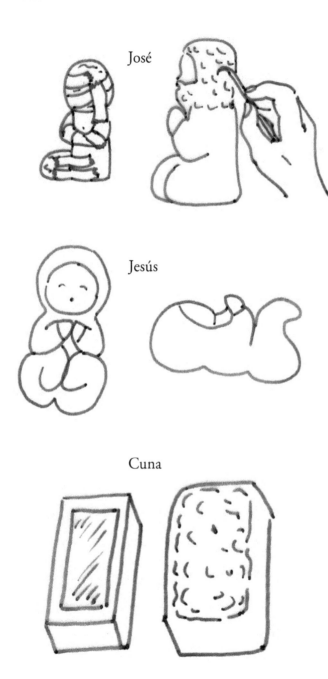

IDEAS EXTRA:

Cambia la forma de la casita del pesebre, o realiza sólo las figuras y colócalas en otro sitio. Por ejemplo en una repisa al lado de la campana pino de navidad. Si no tienes frasquitos de alimentos de peces, usa lo que consigas o moldéalos en telgopor. Tiene aprox. 7cm. de altura x 4cm. de diámetro. De todos modos, las figuras quedarían muy bien en un tamaño mayor. Si lo haces, no olvides adaptar también la casita. Anímate y haz algunos animales, los reyes magos y pastores.

Piedra lechuza

Materiales:

- Frasco con tapa del tamaño que desees, vacío y limpio. En este caso utilicé uno de baño capilar de 400 grs.
- Arena.
- Papel de diario o revista.
- Cinta de enmascarar.
- Pasta de papel.
- Pinturas para decorar y barniz.

175

PASO A PASO:

1. Rellena el frasco con arena y asegura bien la tapa.
2. Con papel de diario o revista abollado dale forma guiándote por los dibujos. Sujeta con la cinta de enmascarar.
3. Forra con la pasta de papel. Deja secar. No aplicamos enduído pues es conveniente conservar la textura ligeramente irregular.
4. Decora como piedra: aplica una base de acrílico gris claro y luego barniz al agua y deja secar. Pasa betún de Judea y quita el excedente con un trapo. Pincela por sectores con acrílico marrón otoño. Puedes ir probando hasta quedar satisfecho con el resultado. Deja secar.
5. Decora como lechuza: con un pincel mediano y guiándote por la fotografía, pinta sobre la cara convexa de la piedra. Utilicé acrílicos blanco perlado, negro, marrón otoño, dorado y chocolate.

Llenar frasco
con arena y tapar

Frente

Perfil

Atrás

IDEAS EXTRA:

Este pisapapeles es un bello y singular adorno rústico y, a diferencia de una roca real, tiene buen peso pero no excesivo. En la fotografía presentada, la piedra real es la de la izquierda (muy pesada) y la de la derecha es de papel maché. Puedes hacer varios de distintos tamaños; y variando la forma de la piedra, puedes intentar otros modelos de animales. Por ejemplo: sapo, tortuga, caracol. Apropiados también para dejarlos en el suelo acompañando algunas plantas de interior. O para usarlos de sujeta puertas.

Porta utensilios de cocina

Materiales:

- Lata de durazno o similar, vacía, limpia y seca (puedes reemplazarlo por algún otro recipiente de más o menos ese tamaño, que quieras reciclar, de vidrio o plástico).
- Caracoles y conchas marinas juntados en tus vacaciones. También pueden ser pequeñas piedras. Todo esto contribuirá a darle peso para que el trabajo terminado pueda sostener sin problemas todos los utensilios necesarios.
- Pasta de papel.
- Pinceles, pintura y barniz.

PASO A PASO:

1. Forra la lata con pasta, de manera uniforme.
2. A continuación, y antes de que seque, coloca los caracoles. Ve incrustándolos en la masa, tratando de que queden bien adheridos. No es necesario utilizar pegamento. Combina las formas y colores a tu agrado y deja secar.
3. Pinta y barniza. También por dentro para proteger del óxido. Yo pinté con cuidado por entre los caracoles con acrílico blanco aguado para darle un aspecto más rústico, y que los protagonistas continúen siendo los caracoles y no la pintura.

Incrustar
caracoles en masa

IDEAS EXTRA:

Para tener los elementos a mano en la cocina. También puedes usar esta técnica para realizar originales portalápices. Si lo haces con piedras queda rústico y original para el escritorio de un varón. Usa una lata más pequeña.

Portalápices

Materiales:

- Latas de conservas, pueden ser de arvejas, choclo, etc.
- Apliques variados: mostacillas, pequeños muñecos, apliques de hebillas en desuso, etc.
- Pasta de papel.
- Pinceles, pinturas y barniz.
- Pomada para zapatos negra (betún en pasta).

Paso a paso portalápices imitación madera o cuero:

1. Forra la lata por el exterior (costados y parte inferior). No te preocupes por dejarlo liso y uniforme, porque si queda con textura también tiene su encanto. Deja secar.
2. Pinta con acrílico rojo óxido, borravino o rojo de cadmio. Puedes reemplazarlo por témperas de colores similares mezclados con un poco de cola vinílica.
3. Distribuye con un paño o algodón una capa pareja y generosa de betún sobre tu portalápices y deja secar unos minutos hasta que absorba un poco.
4. Con un cepillo o paño sácale lustre.

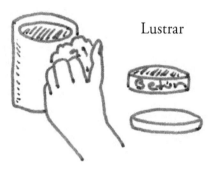

Lustrar

PORTALÁPICES CON APLIQUES:

Forra la lata con pasta de papel y con la pasta aún fresca incrusta tus apliques en el trabajo de la forma que más te agrade. No es necesario pegamento, pues la masa ya tiene bastante adherencia. En este caso utilicé una hebilla de cabello en desuso (dos A B C en distintos colores). Pinta a gusto.

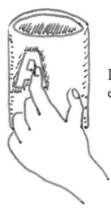

Incrustar aplique
en la masa

PORTALÁPICES CON APLIQUES DE PAPEL MACHÉ:

Igual que el anterior, solo que las formitas a aplicar son de pasta de papel. Puedes ir modelándolas sobre la lata ya forrada. Realicé flores sencillas.

Modelar
apliques de masa

PORTALÁPICES CON ROMBOS:

Para realizar este tipo de textura sólo utilicé los dedos presionando con cuidado hasta formar los surcos. Puedes probar otros diseños, y no sólo geométricos.

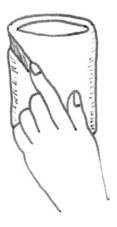

Texturar la masa

IDEAS EXTRA:

Un portalápiz siempre es bienvenido por grandes y chicos para mantener en orden y a mano lapiceras y demás. Hay infinidad de modelos a realizar. Puedes dar texturas con estecas, con corta pastas, utensilios de cocina, etc. Aplica muñequitos plásticos, piedras, caracoles, maderitas, sogas, gemas, mostacillas, bolitas, venecitas y lo que tu imaginación te sugiera. Hazlo enteramente liso o píntale graffitis. Una idea es hacer varios en serie y usarlos como vistosos y prácticos souvenires de cumpleaños infantiles, rellenos de regalitos y/o dulces, envueltos en una bolsa de papel celofán con moño.

Portarrollos de cocina

Materiales:

- Bloquecito irregular de telgopor de aproximadamente 3 x 4 cm.
- Papel de diario o revista.
- Alambre de fardo.
- Masilla epoxi.
- Cinta de enmascarar.
- Pasta de papel.
- Enduído, lija.
- Pinturas, barniz.
- Betún de Judea y/o de calzado.

Simularemos un portarrollos rústico de madera

PASO A PASO:

1. Prepara la base para el trabajo guiándote por el dibujo: dobla el alambre de fardo en 2 ó 3 partes hasta una altura de aproximadamente 30 cm. e introdúcelo en el bloquecito de telgopor. Tienes que asegurarlo con un poco de masilla epoxi de secado rápido.

2. Con papel de diario o revista recubre el alambre retorcido y sujeta con cinta de enmascarar. De este modo evitamos el óxido y que se quiebre la pasta de papel al secarse. Le damos más firmeza.

3. Abolla papel irregularmente y sujeta con cinta a los costados de la base. Deja un sector sin cubrir para que semeje una formación de hongos.

4. Cubre con pasta de papel todo el trabajo. Pon empeño en dejar más alisada la base y el costado sin cubrir con papel, y por supuesto lo que sería la rama. Donde se encuentra el papel abollado cubre bien pero, ya sea con los dedos o con estecas, dale textura irregular.

5. Cuando esté seco puedes pasar un poco de enduído en la rama y la parte lisa de la base, si consideras necesario. Y lija suavemente.

6. Para pintar este trabajo preferí no utilizar la clásica técnica de imitación madera porque quería conseguir un tono más claro. Pero esto queda a gusto de cada uno. Cubrí todo el portarrollos con acrílico marrón otoño, barnicé con barniz acrílico, y luego pincelé todo con betún de Judea poniendo especial énfasis en las formaciones irregulares de la base. Luego quité el excedente con un trapito. Si quieres puedes utilizar betún o pomada para zapatos. Aplica una pequeña cantidad y lustra con un paño. Y en los recovecos de la base puedes ayudarte con un pincel viejo: diluye un poco de betún con aguarrás y llegarás sin problemas a todos los intersticios.

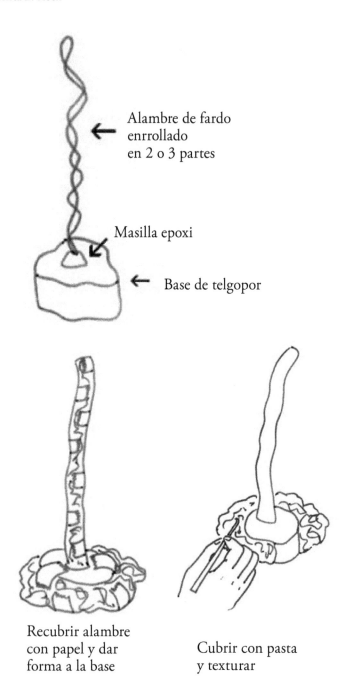

Alambre de fardo
enrrollado
en 2 o 3 partes

Masilla epoxi

Base de telgopor

Recubrir alambre
con papel y dar
forma a la base

Cubrir con pasta
y texturar

IDEAS EXTRA:

Una variante para que tu trabajo quede más pesado y realista al tacto es utilizar un frasco pequeño con tapa, relleno con arena como base, y una rama verdadera como soporte del rollo. Esta debe ir bien incrustada dentro del frasco y firmemente adherida con masilla epoxi. Rodeando el frasquito base utiliza el papel abollado como en el modelo de la foto. Recubre toda la base con pasta y decora como madera tomando la rama como guía de tono a imitar.

Pulseras imitación madera

Materiales:

- Reciclaremos los aros de cartón que nos quedan cuando se terminan las cintas de papel engomado. Los centros son de cartón duro y el tamaño se presta perfectamente para este fin.
- Pasta de papel.
- Estecas.
- Enduído y lija (opcional).
- Acrílico rojo borravino u óxido.
- Betún de zapato color negro.
- Trapo para lustrar.

Paso a paso:

1. Forra los aros cuidadosamente con pasta por dentro y por fuera. Puedes realizar distintos modelos de pulseras dejándolas lisas o marcando texturas con los dedos o estecas. Deja secar.

2. Si optaste por la versión lisa tal vez quieras suavizarle aun más los contornos con un poco de enduído y luego lijar.

3. Pinta completamente con rojo óxido y cuando esté seco aplica el betún en pasta con un cepillo viejo o algodón y luego lustra con un trapo limpio.

Aro de cartón

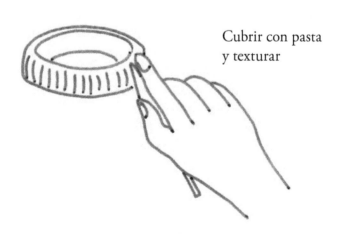

Cubrir con pasta
y texturar

IDEAS EXTRA:

Recicla también los aros más anchos de cartón de las cintas adhesivas y de embalar que tengan el diámetro adecuado. Píntalas lisas, de colores estridentes o a tono con tu vestuario. Hay infinitos diseños que puedes realizar con un poco de imaginación y ganas. Tus pulseras anchas se transformarán en verdaderas bellezas artesanales que despertarán admiración.

PUNTAS DE LÁPICES:

MATERIALES:

- Lápices.
- Papel de diario o revista.
- Cinta de enmascarar.
- Pasta de papel.
- Masilla epoxi (opcional)
- Pinturas y barniz acrílico.

PASO A PASO:

1. Coloca papel abollado de diario o revista cubriendo parte del extremo sin punta del lápiz. Asegura con un poco de cinta.

2. Con tus dedos y la ayuda de la cinta de enmascarar ve modelando el papel a la forma deseada: circular plano para el chupetín, circular más pequeño para el girasol, ovalado y aplanado en la base para el bichito de la suerte.

3. Revisa las explicaciones de los títeres para facilitarte el modelado. Recubre con pasta dándole el aspecto característico. Limpia bien el lápiz antes de dejar secar.

4. Con masilla epoxi realiza hojas, si quieres, y pequeños detalles.

5. Pinta a gusto y barniza.

Abollar papel y pegar
en la punta del lápiz

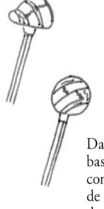

Dar forma a las
bases de papel
con la ayuda
de la cinta
de enmascarar

Modelar

IDEAS EXTRA:

Encantadores y útiles souvenires de cumpleaños, o también de las maestras para sus alumnos en fechas claves como: día del niño, vacaciones de invierno y de verano, etc. Son económicos y pueden realizarse en serie. Prueba otros modelos: diferentes cabezas de animalitos, autitos, aviones, frutas, estrellas, peces, corazones, etc.

Reloj gallina

- Tapa de telgopor de envase de helado de 1kg (o puedes reemplazarla por un disco de cartón grueso o de plástico de aproximadamente 17 centímetros de diámetro)
- Maquinaria de reloj y agujas (se consiguen en las artísticas, casas de manualidades o también puedes reciclar la máquina de algún reloj de pared estropeado o que no sea de tu agrado)
- Pasta de papel
- Enduído
- Lija
- Pinceles
- Pinturas y barniz
- Pegamento

Paso a paso:

1. Cala el telgopor en el centro antes de cubrir con masa.
2. Marca con lápiz de uno de los lados la forma de la máquina del reloj.
3. Forra el disco con masa cuidando de no cubrir el agujero del centro y la silueta marcada de la máquina, para que nos den las medidas y todo quepa en su lugar. Deja secar.
4. Realiza doce huevitos de pasta de papel.
5. Si lo considera necesario aplica enduído en el disco y huevitos y pasa lija.
6. Transfiere el diseño de la gallina. Puedes calcarlo directamente colocando un papel carbónico boca abajo sobre la base y remarcando con un lápiz o similar el dibujo.
7. Para la base utilicé acrílico marrón otoño y maticé con amarillo de Nápoles. Para la gallina: gris country aligerado con blanco para el cuerpo y puro en las alas, pico y patas de amarillo ocre y parte inferior del pico en marrón otoño para darle forma.
8. Pinta los huevitos y fíjalos en su lugar con pegamento universal o de doble contacto.
9. Barniza todo el trabajo y una vez seco coloca máquina, agujas y pilas.

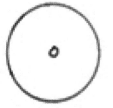 

Ideas extra:

Simpático reloj para decorar tu cocina o para quedar bien haciendo un regalo. Con esta técnica pueden ocurrírsete otras ideas para reloj. Ejemplos: un tarro de miel en el centro, o un ramo, o plantas con florecillas, o un panal, y doce abejitas marcando las horas; o una abeja en el centro y doce florecillas alrededor. Para la habitación de los niños: un perro con doce huesitos, un payaso malabarista con doce pelotitas, etc.

Rompecabezas de encastre

Materiales:

- Dos planchas de telgopor de aprox. 30 x 30cm.
- Cinta de enmascarar
- Cuchillito en punta afilado o cúter
- Pasta de papel.
- Pinturas para decorar y barniz acrílico

PASO A PASO:

1. Transfiere el dibujo del gatito, pelota y flor a una plancha de telgopor.

2. Con un cuchillito afilado cala cada figura con mucho cuidado. Debes sacar entera cada pieza porque las usarás para el rompecabezas.

3. Rebaja un poco más el borde de las siluetas pues no entrarán luego en el espacio destinado cuando estén cubiertas con pasta y hayan aumentado de tamaño.

4. Forra con pasta de papel en su totalidad, también la parte inferior. Da más volumen a la parte superior. Modela y texturiza morro, orejas, cuerpo, patas, cola, y no olvides la pelota y la flor.

5. Une las dos planchas de telgopor con cinta de enmascarar. La inferior no está calada y al unirse forman un encastre para las piezas. Forra enteramente cuidando que en el interior, donde irán las piezas, la capa de pasta sea lo más fina posible.

6. Decora a tu gusto o guiándote por el modelo: acrílicos negro y blanco para el cuerpo y cabeza del gato, malvarrosa para nariz y boca, verde para los ojos. Borravino, amarillo limón y calabaza para pelota. Azul cerúleo para flor. Verde porcelana y amarillo de cadmio para iluminar el fondo. Verde seco para la hierba. Utiliza barniz acrílico, que no es tóxico, ya que este tipo de juguete es para niños pequeños.

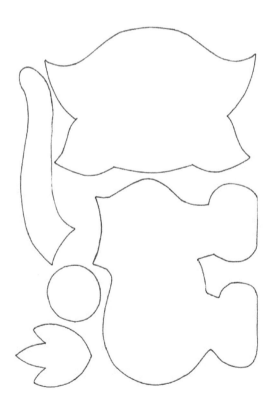

Plancha de telgopor

Calar y unir planchas

Rebajar

IDEAS EXTRA:

Estos rompecabezas son muy estimulantes para los más pequeños. Hay gran cantidad de dibujos infantiles que puedes utilizar para realizar este trabajo. Hazlo de pocas o muchas piezas de acuerdo a la edad y habilidad del niño a quien vaya destinado. Este rompecabezas tiene la ventaja de ser liviano y fácil de transportar de un sitio a otro por manos diminutas. La pasta de papel permite jugar con el volumen y la textura dando más encanto y originalidad a este juego didáctico.

Servilleteros

Materiales:

- Dos bloquecitos de telgopor rectangulares. Puedes reciclar cualquier telgopor de embalaje.
- Acetato o plástico duro. Para cada servilletero utilicé una tapa redonda de un envase plástico de helado de 750cc.
- Pegamento universal.
- Pasta de papel.
- Enduído y lija.
- Pinturas para decorar y barniz.

Paso a paso:

Guiándote por el molde recorta dos bloquecitos de telgopor de aprox. 2cm. de espesor.

Servilletero corazón:

1. Con una tijera apropiada (¡no desafiles la de costura!) corta una de las tapas al medio y luego recorta cada mitad dándole forma de corazón.
2. Incrusta los corazones, paralelos a los bordes alargados, dentro de los bloquecitos de telgopor y asegura con pegamento. Deja secar.
3. Recubre con masa cuidadosamente. Puede ser que necesites realizar retoques a medida que vaya secando para que quede todo perfectamente cubierto. Deja secar.
4. Si te ha quedado alguna grieta, quieres endurecer un poco más tu trabajo o alisar, pasa enduído y luego una lija fina.
5. Para pintar utiliza una base de rojo de cadmio y luego barniza. Sobre eso ve punteando con acrílicos

dorado, plata y oro antiguo. Juega con esos tonos y si no te agrada el resultado puedes retirarlos en parte con un pincel húmedo dando ligeros golpecitos. De todos modos, opciones para pintar hay tantas como quieras e imagines. Confía en tu buen gusto y experimenta. Por ejemplo: colores lisos, a rayas, psicodélicos, cuadrillé country, moteados, etc.

Rectángulo de telgopor

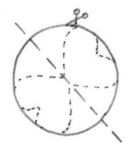

Cortar tapa al medio, marcar corazones

Incrustarlos en el telgopor

Servilletero imitación madera:

1. Corta la tapa plástica al medio y conserva ambas mitades así como están.
2. Incrusta paralelamente los bordes rectos dentro de la base de telgopor y asegura con pegamento. Deja secar.
3. Recubre con pasta y deja secar.
4. Pasa enduído, deja secar y luego lija suavemente.
5. Fondea con rojo óxido, deja secar y unta toda la superficie con betún de calzado negro. Aguarda unos minutos y saca lustre con un trapo limpio. Ya tienes listo tu servilletero. Puedes dejarlo así o pintarle el motivo de flores que desees.

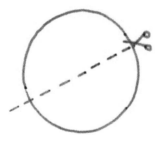

Cortar tapa al medio

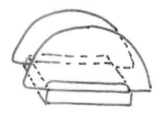

Incrustar mitades
en telgopor

IDEAS EXTRA:

Hay muchos modelos sencillos y bonitos para realizar adaptando los pasos anteriores. Busca el que más se adapte a tus gustos y a la decoración de tu casa. Ejemplo: manzana, frutilla, pera, rodaja de sandía, flor, calabaza, sol, pelota de fútbol, galleta grande, etc. Estos motivos se prestan para un trabajo de modelado más interesante, con volumen y utilizando estecas. Sorprenderás con los resultados y es una buena opción para regalar.

TÍTERES

Harán las delicias de los pequeños, y no tanto, y también para ti será un placer modelarlos, crear sus atuendos e imaginarlos en futuras obras.

MATERIALES:

- Como base para las cabezas utilicé tapones plásticos de sidra, que pueden reemplazarse por trozos de caño plástico del diámetro suficiente para introducir el dedo de quien vaya a manipular el títere, o bien cilindros hechos con cartón y cartulina (fíjate en las ilustraciones).
- Papel de diario o revista.
- Cinta de enmascarar.
- Pasta de papel.
- Pinturas y barniz.
- Pegamento.
- Retazos de telas varias y los accesorios que te parezcan adecuados.
- Hilo y aguja.

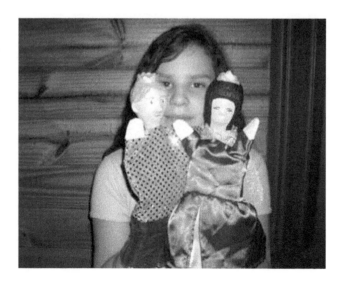

Paso a paso:

1. Con papel de diario o revista realiza un bollo del tamaño adecuado a la cabeza que quieras realizar, ten en cuenta que luego aumentará su tamaño cuando empieces a modelar con la pasta, y cubre el tapón de sidra sujetando con cinta de enmascarar y dejando libre el orificio.

2. Cubre con pasta de papel y modela a tu gusto de acuerdo al personaje elegido. Te darás cuenta que las facciones comenzarán a tomar forma bajo tus dedos y que te resultará más sencillo de lo que pensabas. Para sostener la cabeza mientras la modelas introduce ésta en un palo, y a la vez el palo dentro de una botella llena de arena. Este truco lo leí en un libro de U. Künemann, aunque particularmente nunca lo llevé a la práctica, pienso que podrá serte de utilidad. Realiza una rebarba con pasta en la base del cuello que servirá luego para ayudar a sujetar la vestimenta. Deja secar.

3. Decora y barniza.

4. Con los moldes de guía cose las vestimentas a tu gusto y… ¡que comience la función!

Distintos soportes para el cuello

| Tapón de sidra | Caño plástico corrugado | Cilindro de cartón o cartulina |

Abollar papel
sobre el soporte
y encintar

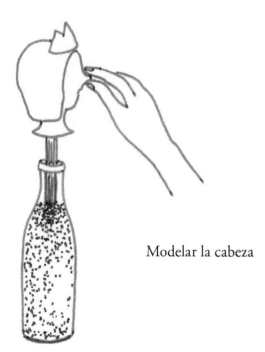

Modelar la cabeza

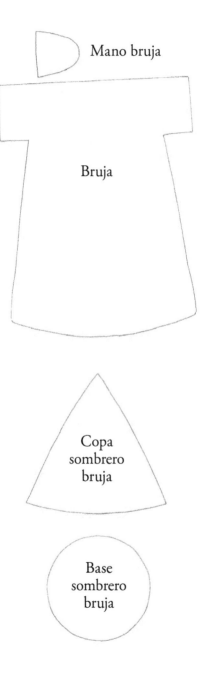

Mano bruja

Bruja

Copa
sombrero
bruja

Base
sombrero
bruja

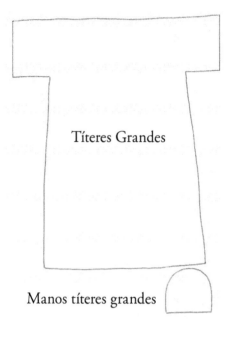

Títeres Grandes

Manos títeres grandes

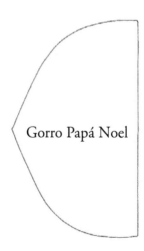

Gorro Papá Noel

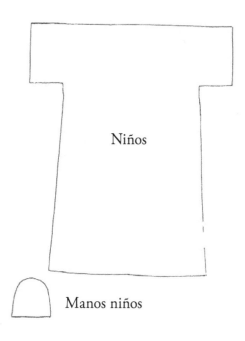

Niños

Manos niños

IDEAS EXTRA:

Puedes hacer diferentes animales, no sólo personas, y a los niños les encantará. Realiza el cuerpo con peluche o corderito o alguna otra tela apropiada.

TRES CAMPANAS DIFERENTES PARA COLGAR

MATERIALES:

- 3 potes plásticos de postrecito infantil, vacíos y limpios, de forma acampanada.
- Papel de diario o revista.
- Pasta de papel.
- Cinta de enmascarar.
- Tanza o cinta.
- Tres cascabeles.
- Alambre de aluminio decorativo (sólo para el angelito)
- Pinturas para decorar y barniz.

Paso a paso:

1. Perfora la base del pote, pasa un hilo de tanza por el orificio y enhebra un cascabel. Anuda el extremo de la tanza y asegura a la base con cinta de enmascarar por el lado exterior.
2. Da vuelta el envase, que quede la abertura hacia abajo. Abolla una hoja de revista o diario, dale forma redondeada y sujétala con cinta de papel al extremo superior, a modo de cabeza. Enrolla una tira de papel y pégala a la parte inferior para acentuar efecto acampanado.
3. Cubre con pasta de papel todo el exterior, Acentuando la forma acampanada de la base.
4. Corta un segmento de tanza de aprox. 10 cm., anuda sus extremos e incrústalo dentro de la pasta de papel, en la zona de la cabeza. Una vez seco quedará firme y no se saldrá.

Angelito:

Modela dos bracitos unidos al cuerpo con las manitos en actitud de rezo. Forma las alas con el alambre e incrústalas en la espalda. Realízale un poco de cabello ensortijado. Deja secar. Pinta y barniza.

Papá Noel:

Con un poco de pasta extra realiza una bolsa unida al cuerpo. Modela un par de pequeños juguetes para que sobresalgan. Cerciórate que queden bien adheridos, si es necesario ayúdate con cola vinílica. Con un par de cilindros de pasta un poco aplanados realiza los brazos y manos que sujeten la bolsa. Agrega más pasta a la zona de la cabeza y modela gorro, cejas, nariz, y abundante barba. Textura con estecas. Deja secar. Pinta y barniza.

Muñeco de nieve:

Al cubrirlo enteramente de papel maché ve dándole forma más redondeada. Modela brazos sin manos y una bufanda. Un gorro para la cabeza con pompón y nariz de zanahoria. Con una esteca o palillo marca dos orificios para los ojos y una sonrisa. Deja secar. Pinta y barniza.

Perforar, pasar tanza
y cascabel
y perforar con cinta

Arrollar papel
y colocarlo en base
y abollar papel
y sujetarlo
en la parte superior

Ideas extra:

Adornos artesanales para colgar de tu arbolito de navidad. Si los realizas en mayor tamaño, por ejemplo con un pote de queso crema, y sin la tanza para colgar, sirven de centro de mesa o para decorar alguna repisa. Otros motivos de campanas: hadas, princesas, niñas, damas antiguas, etc. Y ya que estamos con el tema navideño, qué te parece utilizarlos como amorosos y originales regalos hechos por tus propias manos.

Tutor pajarito

Materiales:

- Varilla de madera de la longitud deseada (en este caso utilicé de aprox. 40 cm.). También puedes utilizar una rama de árbol.
- Pequeño bloque de telgopor de alta densidad (puede ser de los que se usan para embalar electrodomésticos).
- Acetato o placa radiográfica.
- Pasta de papel.
- Pegamento.
- Pinturas para decorar.

Paso a paso:

1. Siguiendo las pautas del molde, marca y recorta en el bloque de telgopor la figura del pajarito. Utiliza un cutter o un cuchillo afilado y talla rebajando el sobrante de telgopor hasta darle la forma requerida. Si no queda muy perfecto no te preocupes porque con la pasta de papel le haremos los detalles.
2. Asegura el pajarito a la varilla con el pegamento universal, haciéndole una incisión al telgopor para que quede bien firme y adherido.
3. Forra el pajarito con pasta de papel, aprovecha para dar textura a las plumas y marca el pico. Deja secar.
4. En el acetato marca dos pares de hojas y hazles un orificio en el centro para pasarlas por la varilla.
5. Fórralas de pasta, marca nervaduras y déjalas secar.
6. Pasa las hojas a través de la varilla y asegúralas con pegamento.
7. Decora a tu gusto. Usé acrílicos ocre, amarillo limón, piel oscuro, verde seco, verde bosque mediano, calabaza, siena tostado y blanco. Barniza y aplica betún de Judea. Limpia con un trapo. No olvides pintar también la varilla.

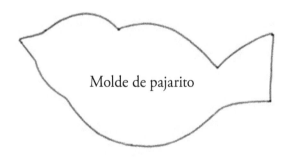

Molde de pajarito

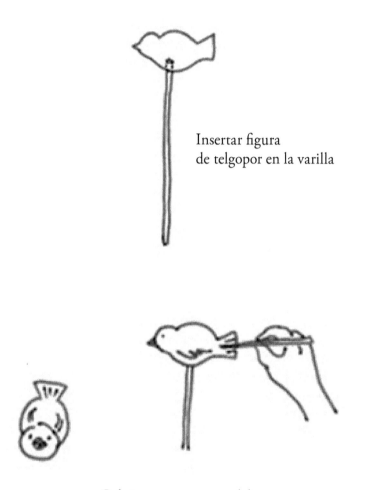

Insertar figura
de telgopor en la varilla

Cubrir con pasta y modelar

IDEAS EXTRA:

El largo de la varilla o rama adáptalo a la necesidad de la planta. Prueba también otros diseños: flores varias y hasta un gnomo si te animas.

Velador bichito de luz

Materiales:

- Plato o rodaja de madera. Es necesario una base con algo de peso que sostenga la estructura.
- Trozo de caña de aproximadamente 35 cm. de largo.
- Pasta de papel.
- Papel de diario o revista.
- Cinta de enmascarar.
- Plástico, acetato o cartón resistente.
- Instalación eléctrica: porta foco, foco, cable con interruptor y enchufe.
- Alambre, en lo posible de bronce pues es decorativo y firme.
- Masilla epoxi.
- 2 mostacillas redondas negras para los ojos y 1 de madera para la nariz.
- Pegamento universal o pistola encoladora.
- Pinturas y barniz para decorar.

Paso a paso:

1. Cala un orificio en el medio del plato para que pase el cable y, en la parte inferior, una canaleta de aprox. 1 cm. de diámetro desde el centro hasta el borde.

2. Fija la caña a la base con masilla epoxi y prepara la instalación eléctrica porque a la luciérnaga la modelarás directamente sobre el porta foco. Fija el porta foco al tope de la caña con masilla.

3. Guiándote por el dibujo, corta las hojas en acetato o plástico fino, o cartón resistente y cúbrelas con pasta de papel. Cuida que queden parejas y no muy gruesas, cúrvalas un poco y déjalas secar. Necesitarás aprox. 13 o 14 hojas.

4. Modelado del bichito de luz: para el cuerpo necesitarás 2 hojas de papel de diario y 1 hoja para la cabeza. Abolla las dos piezas de papel para el cuerpo

y sujétalo sobre el porta foco con cinta de enmascarar, dejando libre el orificio donde se enrosca el foco. Luego abolla el papel restante y sujétalo con cinta sobre el cuerpo para dar forma a la cabeza.

5. Cubre con masa y antes de que seque incrusta las alas y las antenas, que previamente habrás moldeado en alambre. Si fuese necesario asegura con masilla epoxi una vez seca la pasta de papel.

6. Pega las hojas a la caña y a la base sujetando con masilla.

7. Decora a tu gusto y barniza. Pega las mostacillas a modo de ojitos y nariz. Da luces con blanco. La sonrisa puedes pintarla con pincel o micro fibra permanente.

8. Coloca la lámpara y disfruta de tu luciérnaga.

Realizar canaleta en madera

Colocar caña y realizar instalación eléctrica

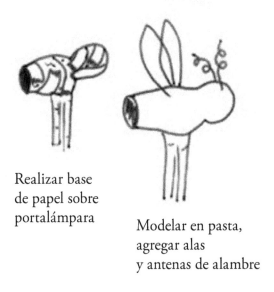

Realizar base
de papel sobre
portalámpara

Modelar en pasta,
agregar alas
y antenas de alambre

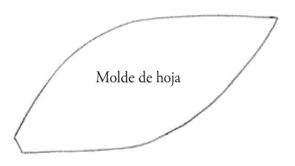

Molde de hoja

IDEAS EXTRA:

Realiza otros modelos de veladores también con base de rodaja
de tronco y caña hueca para pasar el cable pero colócales una
pantalla que engancharás en el porta foco. En la base del
tronco puedes sentar un gnomo o un hada y mariposas (busca
las explicaciones correspondientes en este libro).

Víboras flexibles

Materiales (para una víbora):

- 1 resorte de aprox. 34 cm. de longitud x 1,5 cm. de diámetro (reciclé resortes de aire acondicionado, pero puedes comprarlo en ferreterías).
- Papel maché.
- 1 tira de tela de 3 cm. x 1m.
- 2 mostacillas negras para los ojos.
- Pintura acrílica dorada o plateada.
- Una goma elástica.
- Pegamento o pistola encoladora.

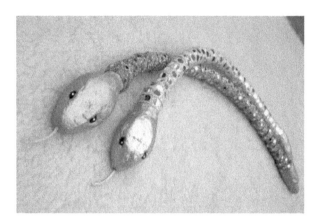

Paso a paso:

1. Modela con pasta de papel cabeza y cola directamente sobre el resorte.
2. Incrusta ojos.
3. Corta un trocito de goma elástica de aprox. 3 cm. de largo, hazle un tajito en una de las puntas y con ayuda de un palillo o esteca incrusta la otra punta en lo que sería la boca.
4. Deja secar y pinta.
5. Pon pegamento en lo que sería el cuello de tu víbora y presiona la punta de la tira de tela para que se adhiera bien. Comienza a enrollar sobre el resorte, con prolijidad y cuidado, para que quede todo cubierto. Finaliza sobre el inicio de la cola y pon más pegamento para fijar.

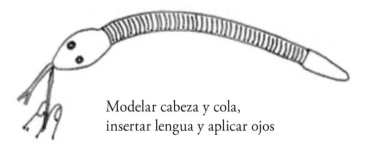

Modelar cabeza y cola,
insertar lengua y aplicar ojos

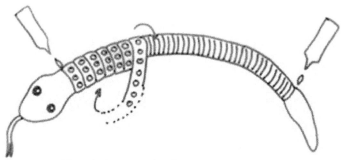

Recubrir con tela el resorte y pegar

IDEAS EXTRA:

Para este trabajo utilicé telas con lentejuelas porque me pareció interesante simular escamas y tenía estos recortes en mi taller. Utiliza las telas que poseas y que sean de tu agrado, usa siempre tu creatividad. Imagino que quedarán muy bonitas con telas de algodón estampado y cabezas y colas al tono. Si no usas pinturas metalizadas no olvides dar una mano de barniz.

ÍNDICE

Editorial LibrosEnRed

LibrosEnRed es la Editorial Digital más completa en idioma español. Desde junio de 2000 trabajamos en la edición y venta de libros digitales e impresos bajo demanda.

Nuestra misión es facilitar a todos los autores la **edición** de sus obras y ofrecer a los lectores acceso rápido y económico a libros de todo tipo.

Editamos novelas, cuentos, poesías, tesis, investigaciones, manuales, monografías y toda variedad de contenidos. Brindamos la posibilidad de **comercializar** las obras desde Internet para millones de potenciales lectores. De este modo, intentamos fortalecer la difusión de los autores que escriben en español.

Nuestro sistema de atribución de regalías permite que los autores **obtengan una ganancia 300% o 400% mayor** a la que reciben en el circuito tradicional.

Ingrese a www.librosenred.com y conozca nuestro catálogo, compuesto por cientos de títulos clásicos y de autores contemporáneos.

Milton Keynes UK
Ingram Content Group UK Ltd.
UKHW010639260923
429409UK00001B/86